美丽是一束光

曹美丽唯一自传

曹美丽◎口述　吴　琼◎整理

团结出版社
UNITY PRESS

图书在版编目（CIP）数据

美丽是一束光 / 曹美丽口述；吴琼整理. — 北京：
团结出版社, 2023.12

ISBN 978-7-5234-0785-1

Ⅰ.①美… Ⅱ.①曹… ②吴… Ⅲ.①曹美丽—传记

Ⅳ.①K825.38

中国国家版本馆CIP数据核字(2024)第019578号

| 出 版：团结出版社 |
| （北京市东城区东皇城根南街84号 邮编：100006） |

电　话：（010）65228880 65244790

网　址：http://www.tjpress.com

E-mail：zb65244790@vip.163.com

经　销：全国新华书店

印　刷：河北盛世彩捷印刷有限公司

装　订：河北盛世彩捷印刷有限公司

开　本：145mm×210mm　32开

印　张：6.5

字　数：125千字

版　次：2023年12月　第1版

印　次：2023年12月　第1次印刷

书　号：978-7-5234-0785-1

定　价：79.00元

目 录

C O N T E N T S

1
CHAPTER

第一章
生命是一场对美的追寻

第一节　从家庭主妇到"旗袍皇后"　03

第二节　爱美，是女子应该贯彻始终的事情　11

第三节　有婚姻很好，没有婚姻我也美　15

第四节　把 50 岁作为一个崭新的开始　20

第五节　人会老，梦想不会老　29

2
CHAPTER

第二章

用旗袍打造自己的中正魅力

第一节　每个女人都需要有一件旗袍　39

第二节　大国风范的中正之美　46

第三节　旗袍的神韵，书写着柔性的美　52

第四节　找到所有让自己容光焕发的事情　60

第五节　旗袍仪态老师的品格之路　66

3

CHAPTER

第三章

成为带有野性生命力的自己

第一节　最好的那件衣服，是你的自信　75

第二节　不要追求名牌，要把自己打造成名牌　83

第三节　奶奶们证明给你看衰老并不可怕　91

第四节　感动哭了是种什么样的体验　99

第五节　勇敢的人先享受这个世界　107

4
CHAPTER

第四章

女人之美，仪态为先

第一节 不开口，仪态就是影响力 117

第二节 优雅是不失爱与约束 125

第三节 简单有效的 6 个变美小动作 132

第四节 微笑，胜过颜值 137

第五节 气质源于长期生活的状态 147

5

CHAPTER

第五章

大道至简，大美无言

第一节　年纪大了也阻止不了学习的步伐　157

第二节　你的自律，终将美好　163

第三节　以美入道，不要给自己设限　171

第四节　这些小道理，希望你早点知道　177

第五节　人生永远没有太晚的开始　187

生命是一场对美的追寻

shengming
shiyichang
dui meide zhuixun

第一节 从家庭主妇到"旗袍皇后"

一袭锦衣，修得纯净内心。

我的演艺生涯虽然来得晚，事业却风生水起，拍广告、做服装代言、参加各种影视剧的拍摄，邀约不断。我最喜欢的，莫过于身穿旗袍在秀场上表演。

这一身锦衣华服，对我来说不仅仅是一件漂亮的衣服，更是小时候的一个梦。我出身农村家庭，从小到大都衣着朴素，也曾见识过旗袍的华美，但拥有并穿上旗袍，对于年幼的我来说只是心中的一个美梦。

少年时，县剧团下面的艺训班招生，因为我性格活泼，又热爱文艺表演，所以很容易就被录取了。

因为热爱，所以我学得认真；我的学习能力又强，因此打下了扎实的基本功。艺训班给我打开了一扇新世界的大门，让我对未来无限憧憬。当时我也有很多梦想，比如当兵、当演员等，我想过自己喜欢的生活，但更多的是对生活感到迷茫。

后来做了17年的家庭主妇，每天都是与柴米油盐打交道，为家庭贡献了大部分的青春，而那些岁月与美丽没有任何关系。2006年，我在即将退休的年龄恢复了单身，围绕着丈夫和家庭的生活忽然定格，我一时失去了方向，只能通过投身麻将桌和广场舞来填补忽然"空"下来、"闲"下来的生活。

生活的无意义和空虚感总会在夜深人静时不断袭来，但那时候的我却不知该如何改变。一个偶然的机会，我进入了广东省老干部艺术团，与舞台产生了交集，也正式开始了我与旗袍的不解之缘。

当时，广东省老干部艺术团正在参与2007年庆祝香港回归10周年的会演排练，计划6月30日晚演出。在距离演出只有两天的时候突发状况——一名演出人员因病无法登台表演了，我临危受命。

其实当时我很紧张，因为我几乎没有在大型舞台上表演的经验，况且他们已经排练了三个月，而我是在临表演前两天才去顶班的，这还是省委领导都来看的大型表演，一切都来得太突然了。但我渴望改变生活现状、渴望展现自己，虽然有些担忧，但我还是接下重任，用仅有的两天时间熟悉舞台，排练演出内容，而后直接上场，非常顺利地完成了当晚的演出。

我很感谢朋友当时让我上台的大胆决定，因为那次"救场"，不但让我在众人面前展示了自己的舞台天赋，还让我加入了广东省老干部艺术团。从普通的广场舞表演，到服装走秀，一路走来，我成了一位广告、电视剧、电影全方位发展的演员。

这件事是一个契机，让我发现了真实的自己，也让我在人生旅途看似即将抵达终点的时候再掀波澜，在转弯处重新出发，创造新的人生传奇。

这一年，我50岁，在这个被世人视为"知天命"的年纪，我完成蜕变，成为名副其实的台上、台下、人群中、自己心里都真正美丽的人！

以前我就是个家庭主妇，对于优雅和美是想也不敢想的，终日忙忙碌碌，只为家人而活，转变后的这10年才感觉活出了自我。

2012年参加选美比赛的时候，一上台我就紧张得浑身发抖，心里却很兴奋，因为能站在舞台上演绎旗袍的美。

2013年的时候，我想参加世界华埠太太大赛总决赛，当时团里有好几个人参加。可是赛事报名费要5000元，我那时候退休金每月才1900元，街上两元一瓶的矿泉水我都舍不得买，要花5000元报名，我实在是很心疼。

可是一想到能够在舞台上展现旗袍的美，我还是下定决心交了5000元的报名费。可能是因为经过这些年的历练，也可能是因为老天眷顾，我拿了冠军，还拿了最佳微笑奖、最上镜奖。

拿了几个奖后，我对美的探寻更加热烈。在每次活动之前，我都会认真了解活动主题，了解每件旗袍背后的设计理念和故事；穿上旗袍后，我就会全心全意地投入表演。

那些年，我年年参加选美大赛，拿了好多大奖，比如2014年我荣获广东时装节（最美旗袍太太）大赛冠军、最佳人气奖；2015年荣获中美（纽约）旗袍才艺大赛冠军、最上镜奖。奖项拿多了以后，我在圈子里也开始小有名气，有点"十年修炼无人问，一朝成名天下知"的感觉。

身边很多爱美的女性朋友，只要看见我就会围上来，不断地问我问题：

"你的微笑怎么这么美啊，能教教我吗？"

"你转身时怎么这么好看啊，能指导一下我吗？"

"你摇扇时好有韵味啊，怎么做到的呢？"

"你的眼睛为什么这么传神呢？"

我也很爱分享，一传十，十传百，圈子里有很多人开始向别人推荐我，华侨团队邀请我去英国、法国、美国、迪拜等国家和城市分享旗袍文化，后来我还参加中美、中英文化交流活动，也经常向大家讲解旗袍的美。

当年，我受邀参加美国旧金山世界日报社举办的大型活动，世界日报社社长很欣赏我在舞台上端庄的仪态表演，第二天给我颁发了特别奖。

选美比赛也邀请我当评委：2015—2016年任世界华埠太太大赛评委；2016年任环球夫人大赛华南赛区评委；2016年任韶关市首届旗袍大赛首席评委。

现在我是广东省旗袍文化促进会副会长，每一次登台展现旗袍的中正之美，以及中华传统文化之美时，我都很幸福。旗袍不只是一件简单的服装，更是中国女性的象征符号，它代表着中国女性的传统品质：温婉、端庄、含蓄、高贵、优雅。

我想告诉身边所有的女性朋友：女人在任何年龄都有机会改变自己。

后来请我分享的人越来越多，看着那一双双渴望变美的眼睛，我的内心深受触动，我想帮助每一个女性展现自身的美，进而影响她们的家庭。

于是我开始精心地规划起教学内容，将前辈的经验和我在成长过程中的感悟进行总结，并将其投入课程，把我所拥有和具备的一切转化成知识教给大家。

女性的优秀，小到可以影响自己和家庭，大到可以影响社会。女性是很重要的存在。我想引导大家从灶台走向T型台，再从T型台走向人生的舞台；告诉大家对美的追求就是对精神自由的追求，我们要去绽放、去体验、去尝试。你不走出来，不知道自己有多优秀，走出来才不枉此生。

这种强烈的使命感激励我去帮助更多的女性，我很庆幸自己找到了人生最重要的价值。其实每个人都是自己人生的掌舵者，都需要意识到自己作为一个人的使命。

使命是什么？使命就是一定要把某件事做成的责任。

好的使命应该是把造福社会当成自己分内的事情，并将其作为人生的根本追求。使命的意义在于帮助我们找到人生的坐标，让我们清楚自己的位置，使我们明白自己为什么活着，以及我们应该怎样去度过一生。

　　每个人都需要有使命。如果能找到属于自己的使命，生命会更有意义。

第二节　爱美，是女子应该贯彻始终的事情

欣赏美、追求美、分享美，是我从小就一直热衷的事情。爱美，是让我追求变得更好的动力之一。

关于爱美这件事，我要感谢我的妈妈。我出生在农村，爸爸妈妈没有文化，我小时候很难吃饱饭，饭对我来说就像奢侈品一样。

即使家境艰难，妈妈也尽量穿得整洁大方。记忆中，妈妈穿衣时，左手牵着一片衣襟越过胸前，再从脖颈经腋下去往腰间，将一排手工小布纽扣一路系下去。若妈妈心里惦记着些什么事情，很着急，就会边走边扣，一手斜搭在胸前，

这时她的发丝迎风被微微吹起，有一种说不出的好看。

妈妈的头发留得很长，印象中妈妈总会梳出一个发髻，头发很干净，梳得很整齐。

妈妈一生虽然过得很清贫，但她与生俱来的优雅气质和爱美的天性，让我认识到即使生活再苦，也要活出一抹色彩来，这一点对我影响很深。现在想想，我人生中很多重要的决定，都跟这一点有关。

爸爸是铁路上的搬运工，做最辛苦的工作，赚的却不多。好在妈妈是个持家好手，会精打细算，家人的衣服都是妈妈自己做的。我们那个年代有句话叫"新老大，旧老二，破老三"，意思是家里年龄较小的孩子只能穿哥哥姐姐剩下的衣服。我因为年纪小，经常穿姐姐穿过的衣服。即便如此，每当有"新"衣服穿时，我都非常高兴。

关于穿衣，是妈妈让我知道不是穿得大红大绿就是美，女人最美的穿衣状态是干净清丽不招摇，自然得体又优雅。每当我穿上改过的新衣服后，心里就特别美，从小，我就有爱美之心。

后来我才慢慢懂得，妈妈之所以爱美，是因为在意自己。或许，这也是让我追求变得更好的动力之一。

对女人来说，爱美是一件应该贯彻始终的事。我妈那

时从来不会随随便便地出门，一定是把衣服穿好、把头梳好了才出门。

一个人只有不随便对待自己，才会去认真地生活。认真不是吹毛求疵，而是尽自己最大的努力，在琐碎的生活里，活出自己的价值。在那个条件匮乏的年代，妈妈教我们学会物尽其用，并且尽量保证穿着整洁得体。

要认真对待自己，这是妈妈教给我的最宝贵的做人之道。虽然那时连一日三餐都吃不上，连野菜、番薯皮都吃不饱，但爸爸妈妈一直教导我们要"以礼待人"。

家里来了客人，通常这时会有些好菜上桌，爸妈都会悄悄跟我们打个招呼：好菜不要吃，要留给客人吃。有时甚至不让我们这些小孩子上桌，怕我们不懂礼貌抢菜吃。吃饭的时候也不能失礼，要规规矩矩地端碗拿筷，不能趴在桌子上吃饭，不能不扶着碗吃饭，这是家里吃饭的规矩。

类似这样的规矩家里还有很多，爸爸妈妈做事都讲究中正、规矩，正所谓"有礼仪之正，方可有心气之正"。内心中正和气，自然而然就会外显在自己的言行举止上。

认真生活的人日子一般不会过得太差，他们会严格要求自己，不允许自己邋里邋遢，举止一定是得体大方的，而生活自然也会井然有序，充满韵味。

第三节　有婚姻很好，没有婚姻我也美

　　到了谈婚论嫁的年龄，父母就开始催婚。小时候我有个军人梦：自己当不了军人，嫁给军人也好啊。可惜那个年代不开放，我不好意思把想法说出口，只能心里想想，不敢跟父母表达内心的想法，最后经人介绍，我在23岁结婚了。老公在企业工作，人挺好的。那时，我除了工作和照顾家庭，作为文艺骨干，还需要排练节目，去各地演出。

　　在纺织厂，我当上了团支部文体委员，还因为表现突出，被选为镇团委会的文体委员。我工作很努力，年年获得新长城突击手、先进工作者等荣誉称号。因为经常活跃在舞台上，婆婆、老公开始不放心我，反对我出去。

那时我年轻，心智也不是特别成熟，所以夫妻之间经常闹别扭，在婚后的第七年，因为当时政策对集体编制的单位冲击很大，单位倒闭了，我也被迫下岗了。

那时候我是真正感受到了世态炎凉。之前在小县城里，因为我人长得靓，性格好，夫家条件也好，很多人看到我都主动给我打招呼。

和老公关系不和谐时，很多人老远看到我，就像看到瘟神一样，绕着走。有段时间我和老公闹别扭，三天两头吵架，最后婚姻关系破裂，我一气之下决定离家出走，去广东散散心。那时通信不发达，家里人也联系不上我，县城里的人开始说各种闲话。

我百口莫辩。那段时间是我人生中最黑暗的日子，因为那几年爸爸妈妈相继离世，我得不到任何支持，只能一个人面对所有。那段时间，我经常一个人在黑夜里放声大哭，像受了天大的委屈似的，内心却不想获得别人的同情。

哭完之后，擦干眼泪，继续前行。这世界上从来没有真正的感同身受，很多艰险的路得靠自己走。总想着依赖别人是不现实的，单枪匹马地闯荡才是常态，靠自己做出每一个决定才是人生。和生活单挑时，每刺出制胜的一剑，我们都在为自己加冕。

现在回想起来，我很庆幸，始终觉得波折也好，苦难也罢，对我来说都是一笔财富，它们让我懂得了珍惜当下，感受幸福。

在广州工作了一段时间后，我认识了第二任老公，他是独子，也是个孝子，为了照顾他父母，他要求我放弃工作。可是我觉得这样不合适，我觉得婆媳长期住在一起，一定会产生矛盾，而且我的个性也不允许我待在家里，我是一定要出去工作的。

但是老公既然提出来，我也犹豫了。后来老公说："你尝试一下，习惯了就不用去工作了，就待在家里照顾爸爸、妈妈和孩子吧。如果你确实待不惯，我再给你找工作。"他给我留了退让的空间，我也不好意思再拒绝。虽然我怕跟他的爸爸妈妈合不来，但是为了家庭，我还是同意了。

后来我就一直在家里照顾他的爸爸妈妈，和他们相处得也蛮愉快，他们都是通情达理的人。我在家里待了很长时间，直到把公公婆婆都送走，我又恢复了单身状态。

这些年，我身边的很多人都在婚姻中遇到了坎坷，大家一直在思考婚姻的意义是什么，有学员对我说："我一个人过得很好，要伴侣干什么，他还会来干涉我的自由。"婚姻对于女性来说意味着什么，这是一个非常重要的问题。

有两种维持亲密关系的方式。一种是"我"并不是为了实现快乐才需要对方，"我"知道怎样让自己快乐，之所以和对方在一起，是因为这样"我"会更幸福。这是维持关系的一种方式。

还有一种方式，是"我"需要对方给"我"提供快乐。比如在"我"过生日的时候，对方会给"我"买礼物，这样"我"才快乐。这是基于某种需要去寻找伴侣。换句话说，"我"想要的都是对方给的，一旦对方不给，"我"就会感觉自己不受重视。

如果是第二种方式，那说明她不懂婚姻意味着什么。婚礼上的"囍"字，其实指的是双份的快乐。当我们选择一个人来当自己的伴侣，和他发展出一段亲密关系时，我们可以选择把一个人的快乐变成两个人的快乐，让快乐翻倍。

有些事，只能一个人做；有些关，只能一个人过；有些路，只能一个人走。婚姻不是为了填补空虚，也不是为了对抗恐惧，而是为了分享彼此的生活和承担责任。

有婚姻，我们会更幸福；没有婚姻，我们也可以过好自己的生活。

第四节　把 50 岁作为一个崭新的开始

很多人一到50岁，就感觉自己站在了人生的十字路口，很茫然，找不到方向。在这样一个岁数，我们有必要重新审视人生：是继续往前冲，还是停下来休息？

如果错过这个思考的时机，之后就很难有机会去思考了。因为毫不休息地继续往前冲，随着年龄的增长，终有因喘不过气而倒下的一天；而止步不前的人，拖得越久，越难以东山再起。

正因如此，50岁时要停下来重新思考后半生的目标。20岁到50岁，我们既要拼事业，又要成立家庭，还要平衡家庭和事业的关系；50岁以后，我们的孩子也长大了，我们为什么不活得更通透、更自由一些呢?

我是在退休之后才完成化茧成蝶的蜕变的。我现在想做什么就做什么,前30年没有实现的梦想,50岁以后要一一去实现。

其实每一个站在50岁关口的人,都可以重新出发。如果你不知道具体该怎么做,那么可以先让自己变美。变美以后,你会更自信、更开心,更有力量去改变和提升自己。

很多女性在年轻的时候都会打扮自己,遗憾的是,在工作一段时间或结婚以后,很多人逐渐放松了对自己的要求,可能不再打扮自己,不洗头的情况也越来越多;因为工作繁忙,加上要照顾家庭,开始疏于管理自己的体重,中年以后身材开始发福。

其实颜值特别低的人很少,多数情况下可以进行改善。

胖的话可以变瘦;

瘦的话可以有肌肉;

牙齿外形不好看可以矫正;

眼镜不好看可以换副新的;

不会穿衣服可以学习一些穿搭技巧;

脸大可以换发型;

矮可以通过穿衣服显腿长。

20岁以前的容貌是父母给的，20岁以后的容貌要靠自己维护。

这么多年来，我的脑海中一直有一个非常清晰的画面。2016年，我去巴黎拍电影《暮光·巴黎》，这部电影由中法合拍，女主角是中国人，男主角是法国人，我演的是一个80多岁的老太太。世界公认法国女人是最会穿衣打扮的，所以在巴黎没有戏拍的时候，我经常在酒店附近欣赏街头女性的打扮，感受那份淡定的优雅。那时我每天都会去附近逛逛（不敢逛远了，逛远了我怕回不来）。

在街上，我经常看到有年纪较大的女性，身上穿着各种看不出品牌的衣服，头发看起来很有型，眼睛有神采；或背着大包，或夹着小包，虽然在赶路，却没有一丝慌乱感，有一种迷人的气质。

有一天，我看到一个老太太步履蹒跚地走过来，一看就知道她的腰不好，她弯着腰，挂着拐杖，远远地，我就感受到了她优雅的气质。

当她从我面前走过时，我才有机会细细打量她：头戴小礼帽，戴着墨镜，擦着唇膏，拎着小包，身着套装，皮鞋干干净净，精致讲究。她举手投足的画面深深定格在我的脑海中，在我的想象中，她就是一位富足、优雅、生活舒适的女性，而且看得出，"优雅"一词已经刻在了她的骨子里。

那一刻，我的内心猛然传来一个声音：我也要像她一样那么美，我也要优雅地老去。从那以后，我对自己越来越用心，我不断认识自己，由内而外地提升自己，这么多年来我一直在研究什么更适合我。

1. 发型：多尝试不同的样式，找到自己最心动的一款

抖音上有很多人问我："美丽老师，你这个发型是怎么弄的？能不能教教我？"——这个还真不方便教给你，我既不清楚你的年龄，也不清楚你的脸型，因此没有办法给你提供具体的建议。

我的头发全部都白了，我之所以把头发梳成竖起来的样子，是因为这样看上去非常有气场。很多人想留跟我一样的发型，也把自己的头发染成了银色，对此，我的意见是：如果你的年龄不到50岁，我不建议你留这样的发型，因为这会使你看上去显老。

我的脸型配上我的发型，能给人一种不错的整体感觉。而有的人不管自己是哪种脸型，都像我一样把头发向上梳，这样就会把整个脸拉长。

我的发型是自己研究出来的。有一次我去拍染发剂广告，商家要求必须染发，我就把自己的白头发给染黑了，心想这样看上去也许能显得年轻一些。

可是我的学员却对我说："老师，你还是留白头发好看。别染黑，白头发看上去更有气场。"看来有很多人跟我的感受是一样的。所以我后来就一直留着白头发。

适合大部分女性的发型，是长发。对于女性来说，长发比短发看起来更具动态美，在光线照射下，乌黑的头发会闪现出光泽；披散下来，会自带闪光效果，并把人们的注意力吸引过去，以减少对脸上小瑕疵的关注。

更重要的是，长发可以有效遮掩脸型的不足。长发搭配烫卷，更能有针对性地修饰脸型和头型。总的来说，一个人的头发适合留的长度与其颜值成反比。最挑人的发型，就是光头。演员宁静就留过一段时间的光头。这种发型去除了一切人为的干扰因素，能让人们直接看到她的头型美、脸型美和五官美。

如果你也想找到适合你的那一款发型，那么你首先要了解自己的头型、脸型和五官，然后尽可能去尝试。

2. 妆容：不要靠别人，自己要学会化妆

要学会化妆，化妆是每一个女性的基本功。除了拍电视剧、电影时会有化妆师为我化妆，我在课堂上或抖音、视频号等平台上的妆容都是自己化的。

没有人天生就会化妆，十多年前我也不会化妆，记得有一次我把假睫毛贴反了，人家的往上翘，我的往下翘，眼睛一睁开都是毛，对着镜子一照，哎呀妈呀，把大家都笑死了。我的化妆技术是跟比我大几岁的姐姐学的，后来她生病了，我去医院看望她的时候，她还在说我把假睫毛贴反的笑话。

一开始我不仅把假睫毛贴反了，甚至把眼睛也化成了三角眼，后来通过不断练习，才有了今天的技术。

除此之外，心态也很重要。保持乐观的态度和活力，这样你的气质会越来越好。心态好了，身体自然就健康。嘴角向上，会缩短面中三分之一的长度，这样人会显得更加亲切、甜美。人的肌肉是有记忆的，你经常保持乐观的心态，脸上经常挂着笑容，面部的肌肉自然就会记住这个表情，与妆容搭配才会相得益彰。

3. 服装：颜色要搭配好

在服装颜色搭配的问题上，很多人都感到困惑，不知道该怎样去协调。我建议大家多去大自然中走走，因为颜色是有生命的，颜色的力量就是生命的本质。

我曾上过美学老师萧佩兰的美学课程，她是我很崇敬的美学老师。她说颜色是有生命的，以秋天的颜色为例，树叶开始纷纷落下的时候，仔细观察一下树叶的颜色，会发现层次非常丰富，包括焦黄色、咖啡色、深红色、棕色等。有一种穿搭风格叫美拉德风格，强调颜色的深度和变化，这种风格巧妙地融合了大地色系的色调，如深棕色、深红色、橙色等，可以表现出温暖自然、充满层次感的视觉效果。

如果说秋天是颜色成熟的季节，那么春天就是颜色生长的季节。万物复苏的春天，注定是绿色的主场。早春的绿，没有那么深沉，也不那么艳丽，有一种浅淡、不张扬的含蓄感。低饱和度的浅草绿，宛若初生的新叶一般，有一抹不带攻击性的温柔。

......

这些课程提升了我对美的认知，让我领略到大自然的魅力，形成了自己的穿搭风格。发型、妆容、服装的选择都需要用心，这样整体的气质才能提升。谁说女人越老越不好看，真正用心的女性会在岁月的洗礼中完成蜕变。

任何年纪都不要放弃打扮自己，我们应该像一本精美的画册一样，封面漂亮，内容精彩；不管在哪个年纪，都要活出最美、最自信的样子。放眼未来，80岁也可以是人生巅峰！

第五节　人会老，梦想不会老

很多女性年轻时要照顾家里人，老了以后就去伺候儿子一家人，闲下来的时候跳跳广场舞。

有的老人会把家里每一寸空间都充分利用起来，哪里放碗，哪里放碟子……一切都安排得井井有条。

还有些老人在家里和儿媳妇的关系很紧张，一边手忙脚乱地照顾孩子，一边把时间耗在和儿媳妇的斗争上……

试想一下，当你照镜子时，发现自己的头发越来越少，白头发却越来越多；弯腰拣东西时，感觉膝盖越来越疼，你还有多少做梦的勇气？

经常跟着我训练的关桐月老师之前一直在外资企业上

班，工作上一直勤勤恳恳，做到了副总经理的位置，可她在还不到退休的年纪就选择了辞职。在外人眼里，她一切都好，可是她的内心并不快乐，因为她关注别人太多，把自己给忘了。

之前她在上课的时候，我经常看到她听着听着课，眼睛里就泛起了泪花，她曾对我说："美丽老师，我以前没有上过形体方面的训练课程，现在年纪大了，很多动作我很难记下来。别人可能学一两遍就记住了，而我要学好几遍，甚至学好几遍也记不住，心里挺难过的。"

我对她说："有一个词叫'渐入佳境'，刚开始学的时候有挫败感很正常，只要你不停练习，就会感受到那种渐入佳境式的喜悦。"

关桐月老师一直在我的课堂上训练，后来又做助教老师，她越来越自信，她说她很愿意和那些优秀且不会表现自身优越感的人相处，他们明亮但不刺眼，自信却又懂得收敛，让她在心生向往的同时，感受到了源源不断的正能量。

她成为助教老师后，有很多同学经常向她请教："关关老师，这个动作该怎么做？那个动作怎么那么美，你能教教我吗？"

她帮助身边的很多女性变得更美以后，充分认识到了自己的价值，不再向外索求，开始感受自己的美好，她希望有一天自己也能成为一个"小太阳"，去温暖别人。

所以不要觉得自己年纪大了，很多事情就做不了了。其实你并不老，只是心态变老了。比起外貌上的老，精神上的老更可怕。

曾经有一位学员发微信对我说："美丽老师，我在群里一直关注着您，在我几十年的人生当中，从没遇到过像您这样状态这么好的人，漂亮、优雅、高贵、善良，感觉您充满了正能量。

"我刚退休，都不知道今后的日子该怎么过，很迷茫。我在职的时候别人经常向我献殷勤，退下来以后，人走茶凉，没人理我了。您就像一盏灯，每当我迷茫的时候，我就看看您的视频。"

我对她说："你应该为你的退休而高兴，为什么呢？因为你的第二春开始了。你人生中很多没有实现的梦想，可以慢慢去实现。我不知道你是50岁退休的还是55岁退休的，就按你55岁退休算，如果你能活到85岁，还有30年的时间。这30年的光景多好啊，你要好好地享受你的后半辈子，有啥想不开的呢？"

她说："美丽老师，谢谢你，虽然我们没有见过面，但是你的话带给我的震撼不小，我知道自己以后的人生路应该怎样走了。"

一个50多岁的人即使身体状态不如以前，也可以随时开始新的人生；同样，一个20多岁的人即使处于人生的黄金阶段，也完全有可能被自己困住，过着一眼就能望到头的生活。

心态决定状态。有的人未老先衰；而有的人年纪越大，活力越强，区别就在于后者知道"当下"的自己永远是最年轻的。

我很少会说自己老了，因为我还要去体验更多。我65岁的时候，那一年的端午节，我应丹东闺密王月欣的邀请体验高空跳伞。其实我有恐高症，站在阳台上往下看，腿都会发软。我想通过跳伞来突破自我，像鸟儿一样翱翔在天空，享受人生最美的体验。

我不会拒绝任何可以增加新体验的事物，因为这样我的生命会接纳更多，自己也会更有力量。到了现场，发现飞机要飞到4000多米高，然后由教练带我们跳下来。跳之前，我问教练："我65岁了，跳伞者当中，我是不是算年纪大的了？"

他说："开玩笑，你一点都不大，你算小的，最大的一个80多岁，我背着他跳过。"说完，他还翻出视频给我看。"这个老爷子80多岁，完全没问题。"

听他说完，我就有一个设想：我75岁的时候再跳一次。于是我跟教练约定好，以后还让他带我跳。上了直升机以后，我一直很紧张，虽然脸上带着笑容，其实内心是很恐惧的，心想万一伞打不开怎么办；万一跳伞过程中心脏病发作怎么办；万一心脏受不了，我被吓死怎么办；万一骨头跳出毛病怎么办……总之，有各种画面在我脑海中闪现。

但是，恐惧归恐惧，伞还是要跳的，于是我劝自己："曹美丽，你后悔也没用了，跳也得跳，不跳也得跳。"我还没准备好，就跟教练绑在一起坐飞机上天了。

在飞机上，我的直觉告诉我：我不会有事的，老天不会那么快把我带走的；我是有使命的人，我为的是突破自己；我要不断超越自己，把这种更好的人生状态分享给我身边的女性，让她们敢于面对生命中的困难，敢于挑战，敢于突破，这就是我跳伞的目的。

想到这里，我心里升起一股力量，从飞机上跳下来的一瞬间，一眼万里的风景尽收眼底，我瞬间感受到大自然的伟大和自己的渺小，在空中下落的速度之快，很难用语言去形容，那是一种前所未有的体验！我为自己骄傲，我做到了，我的梦想终于实现了。

什么年纪做什么样的事情，这句话对我来说是一个天大的谎言。人生很长，我们有大把的时间去探寻自己内心

的渴望，去实现我们的梦想。

有一部叫《不老骑士》的纪录片，讲的是17位平均年龄81岁的老人，13天骑车环游中国台湾。他们做到了，一路极其尽兴。

只要你对生活有所期待，年纪再大，也可以充满活力。

用旗袍打造自己的中正魅力

第一节　每个女人都需要有一件旗袍

没有女人不爱旗袍，正如没有女人不爱美一样。

旗袍的美感，在收与放、显与隐之间。身穿旗袍的女子，无论走到哪里，都是一道亮丽的风景线，人以袍显，袍以人彰，举手投足间，形、神、雅、韵呼之欲出。

旗袍最懂中国女性的美，也最能修饰女性的身材。作为中国国粹和女性国服，旗袍以其独有的方式，将中国女性贤淑、典雅、温柔、清丽的性情与气质淋漓尽致地表现了出来。它不动声色，静静地温柔着岁月，低语细说着属于女性的品质。

然而，大多数女性对旗袍是犹豫的。旗袍不是乱穿的，如果你没准备好做一个优雅的女人，旗袍就不属于你。一个女人只有在爱自己，且渴望构建梦想的前提下，旗袍才是她最好的表达。

我年轻的时候也曾幻想过穿旗袍，那时只看过电影里的官太太、富太太穿着旗袍谈笑风生。在那个风雨飘摇的时代，旗袍以其独有的韵致，安抚了一个又一个绝境中的女人。即使世界偶尔凉薄，内心也要繁花似锦。

"北方有佳人，绝世而独立。一顾倾人城，再顾倾人国。"每每念起这首诗，眼前仿佛出现了一个个身姿婀娜的旗袍女子，婷婷袅袅，穿过渺渺云烟，翩翩而来。

张爱玲曾说："女人一生不能没有两样东西，一样是玉镯，另外一样就是旗袍。"书香门第出生的陆小曼穿上旗袍，就像是雪山上的泉水，纯净雅致；林徽因曾被称为"穿旗袍搞建筑的女人"，既有端庄的气质，也有飒爽的英姿……

旧光影里的旗袍，像一首意蕴深长的词，紧贴女性的曲线，却不会影响其行为举止。而如今的旗袍，对女性的身材已不做要求，它能包容任何身材和气质，彰显女性的

个性与审美。穿旗袍，不是为了取悦他人，而是为了做真
正的自己，坦然地面对这个纷杂的世界。旗袍帮我们寻找
到了自己的另一面。

　　我第一次穿上旗袍是进入广东省老干部艺术团的时候，
当时有个庆祝香港回归10周年的节目，有一位参与演出的

演员在演出前两天发高烧了，我的一个朋友当时是广东省委老干部局的办公室主任，她对我说："小曹，你不是跟我说过你也想上台演出吗？现在机会来了，有个演员生病了，你能不能去顶她的位置？"

我："好啊好啊，但是只有两天时间了，来得及吗？"

她："你去试试吧，能上就上，不能上也没办法。"

虽然我穿的那件蓝色旗袍只值100多块，但我还是喜欢得不得了，感觉小时候的梦想现在终于照进了现实。

那件蓝色旗袍我怎么看也看不够，它摇曳生姿，温柔而磅礴，那画面，像是黑暗中突然出现了一座灯塔。我感受到了内心的热情，它引领着我走向更大的世界。

有了这次成功的演出经历之后，我有了更多登上舞台的机会。为了呈现更好的自己，不是科班出身的我坚持锻炼，训练身体的柔韧度和协调度，努力练习走姿。而要穿出旗袍的韵味，走出优雅的台风，这还远远不够。因此，我每天坚持练习形体仪态，甚至演出日还拎着行李箱进行走姿练习。在一次次的蜕变中，梦想的羽翼逐渐丰满。

正是从那时开始，我察觉到自己的天赋，真正走向了T型台，又从T型台走向了人生的舞台。旗袍，温柔了我的岁月，让我发自内心地相信自己有超越年龄的美好，相信生命可以在蜕变中饱满充盈起来。

旗袍成了我的心头爱，我在旗袍的影响下开始蜕变重生，找到自我。在旗袍的世界里，美丽从来与年龄无关，日子越久，美得越有韵味。

旗袍作为中华文化的一种体现，传承了中国女性温良恭俭让、端庄大方、文静高雅、雍容华贵的气质。当我们选择穿一件衣服时，选择的不只是服装本身，更是文化认同与心灵归属。每个女人都需要有一件旗袍，以唤醒内心的归属感和成长的驱动力。

旗袍，是东方美的体现。中国是飘逸大度的国度，自有一种大美和浩然之气。中国人以善为美，追求的正是这样一种大美和浩然之气。大美者，大德也。

文化认同是我们的自信，更是智慧的体现。赏鉴旗袍，感受它的质感，品味它的细节，可以让我们真正领略到中华文化之美。这些年，我通过一件件旗袍、一场场授课，尽可能让身边的女性朋友去感受东方美。弘扬宝贵的民族文化，是我内在的动力源泉。

如今，中国旗袍受到国内外众多女性的喜爱和热捧，已成为中华传统文化的一张耀眼的名片。

这让我更加坚定自己的使命，那就是致力于传播旗袍文化，展示东方女性的中正、端庄、含蓄之美，向世界宣扬中华礼仪之邦的大国风范。我也会将余生所有的岁月都倾注在这个美丽的行业，培养出更多美的传承者，一起共赴这段美的旅程，以美入道，向美而行。

第二节　大国风范的中正之美

中国人曾是这个世界上对美最有发言权的人。

"盛唐之始，万邦来朝"，在那个时代，东方美学是世界的风向标。但随着时代的变迁，我们逐渐丢失了这份文化底气和审美自信。如今，在日益多元广泛的全球文化背景下，时尚早已无国界之分，东方美正在回归、生长。

林徽因、张爱玲、夏梦……这些星光闪耀的女性，用对旗袍的狂热来引领东方时尚，奠定了旗袍在中国女性服装史上的经典地位，旗袍也逐渐被誉为中国国粹和女性国服。

东方美的回归，代表了对流淌在我们血液里的文化精神的认同，也意味着文化自信的提升。在旗袍展现出来的美中，有一种美卓尔不群，那是中国人所特有的魅力，被称为"中正之美"。中正之美饱含着中华文化的内敛端庄、持重方正。"中正"是中华民族的独特品质，这份独特的审美也决定了我们与这个世界打交道的方式。

中正之美，优雅端庄，这是中国女性对美的诠释。有些老师在授课的时候，会教学员走出海派、苏派或京派的风格，而在我的课堂上，我只教授一种风格，那就是中正风格。

如果只是为了展现身段的妖娆，是很难表现出中正风格的。有一年，一个小学校长到我这里来上课，上完课以后，她对我说："美丽老师，你的课很好，我想把你的课引进我们学校，让优雅从孩子开始。"我说："你这个想法太好了，无论有钱没钱我都会上。"

那一年的5月20日，这所学校的全体师生和其他兄弟学校的老师都来参加课程，我给他们讲起了旗袍的美，同时还给他们讲解唐装等民族服饰。活动结束后，晚上校长给我打来电话，她说："美丽老师，你今天在我们学校的活动非常成功，你收获了很多粉丝啊！家长群里都在讨论你的活动，太热烈啦！"

被校长这么一夸，我有点不好意思："校长，谢谢你跟我说这些，我跟你说句心里话：我从来没有像今天这样不自信过，心虚啊！"

校长说："美丽老师，你这么优秀，为什么这样说呢？"

我说："我没有文化，在你们这些有文化的人面前讲课，是不是班门弄斧啊？"

校长说："美丽老师，你对文化理解有误，不是书念得越多就越有文化。你认不认识赵丽蓉？"

"赵丽蓉是我的偶像，我很喜欢。"我说。

校长："赵丽蓉是小品演员，也是戏曲演员。她没念过书，但也是文化名人。没有念过一天书，也可以很有文化。不是书念得越多就越有文化。在我眼里，你就是一个有文化的人，以后不要说自己没文化。"

我说："哎呀，谢谢校长，你这么说我真的不好意思。"

校长："没有，美丽老师特别好，特别优秀。"听她这么一说，我对文化又多了一层理解。

梁晓声说过："没文化真可怕，可文化到底是什么呢？是学历，是经历，还是阅历？其实都不是，文化可以用四句话来表达：植根于内心的修养，无须提醒的自觉，以约束为前提的自由，为他人着想的善良。"我对这段话深有感触，并非见过高楼大厦就是有文化，并非穿着名牌衣服就是有文化，也并非学历越高就越有文化。

你在斑马线上等红灯的时候看到有个盲人过来了，你过去把他扶过来，这就是文化；电梯门打开了，你微笑着看人家先出你再进，这就是文化；你在马路上走，看到一只流浪狗跑过来，你没有一脚把它踢开，而是从包里掏出食物喂它，这就是文化；你在公园的小路上走，刮过一阵风，有花束挡住了你的去路，你没有把它折断，而是把它轻轻地放到了一边，这就是文化。

文化体现在我们生活中的点点滴滴，文化是修养，是自觉，是约束，是善良。这也是我要传播和分享旗袍文化的原因。我们要敬重旗袍文化。一个真正懂得旗袍文化的人，是懂得中正之道的。潘益群老师就是一个真正懂得旗袍文化的人。她原来不太爱穿旗袍，因为觉得领子顶着下巴，卡紧了会很难受，下巴又不能随意动，特别别扭。

后来她跟着我学习旗袍形神雅韵的课程，竟被"中正之美"深深吸引住了。她想，真正的大国礼仪风范，就该是这个样子。

她曾经对我说："我以前从来没有接受过专业的形体仪态训练，但我一直在寻找一个和我内心的追求相契合的课堂。我骨子里对美是有要求的，我不喜欢那些跟我年纪相仿的人邋里邋遢的样子，随便穿衣服；我喜欢优雅和中正之美，在您身上我找到了那种美。"

通过大量的训练，现在她成了一名旗袍仪态老师，也真正领悟到了旗袍文化赋予她的使命感。

她说："很多机构邀请我去教课，我不是为了挣钱，也不是为了让大家在舞台上显得多么光鲜亮丽，我的目的是改变大家心目中对老年人的成见，把旗袍的中正之美、优雅端庄分享给我身边的每一位女性，这是我开展旗袍仪态培训的初心。"

旗袍文化彰显了东方美。弘扬东方美最好的时代，是现在。

第三节 旗袍的神韵，书写着柔性的美

旗袍，是盛开在中华文化深处的一朵花，让东方女子穿越时空，惊艳了时光。爱上旗袍，便是走进了自己的内心。

旗袍的生命力之强，是其他女性服装所无法比拟的。究其原因，其独特的东方神韵，将中国女性内敛含蓄的美尽数体现出来。那优美的曲线、精致的刺绣、有设计感的立领、小巧的盘扣，使旗袍成为有代表性的中华文化符号之一。它古色古香，优雅大方，堪称气质与高贵完美结合的经典。

旗袍之美，不同于日本保守内敛的和服，也不同于西方浪漫主义式的纱裙，它只独属于中国女子，半露半隐，含蓄而洒脱，显露出中国女性良好的修养与个人美德，演变为中华文化内蕴中的一抹底色。

神韵，是由内而外散发出来的。并非穿上旗袍、化个浓妆就能表现出神韵。神韵，要从每个眼神、每个步态里，以及举手投足、一颦一笑间展现出来。

女子之美，仪态为先。按照旗袍对形体的标准训练好形体，不管穿什么衣服都会有神韵。

具体该怎么做呢？我们可以在穿上旗袍之后，对着镜子多练习几个小细节。

1. 气息的训练

气息的训练是仪态训练的核心，"气"与"韵"影响着"神"与"形"。训练时讲求以意领气，以形取意，以力贯形，以气发力。四者高度融合在形体表现中。

完美的动作、充沛的情感，是气与力、意与气、力与形的有机结合。动作和韵律能给人以延绵流畅、刚劲有力、行云流水般的感觉。在练习动作时，要做到气顺力达，呼吸要有节奏，气要自胸口下沉至小腹。呼吸与动作的协调配合不仅增添了韵味，也使动作充满了艺术生命力，给人以更深刻的审美体验。

训练方式如下。

（1）躯干：吸气时躯干拉长展开，呼气时躯干收敛内含。

（2）头部：抬头时吸气，低头时呼气。

（3）手臂：向上时吸气，向下时呼气。

呼吸可以改变身体的形态。挺身就是对气息的一种运用，即通过呼吸把身体拔起来。

总结：上吸下呼，起吸落呼，开吸合呼。

气息训练可以与仪态相结合，正确使用各种呼吸方式，在动作技巧、情感表达及视觉美感方面，水平都会有很大的提升。

2. 步态的练习

走路属于动态，需要全身相互协调。看似简单，其实最难。说到走姿，一个女性的步态特别能展现她的气质，而且会让她非常自信。走路人人都会，从一岁开始我们就学习如何走路。但想走得优雅高贵、有气质，是要经过后天训练的。特别是穿上旗袍以后，旗袍的贴身性会使女性更注意走路时的姿态。

一个有魅力的女人，最直接的表现就是步态美。科学研究证明，保持抬头挺胸的走路姿态，不仅姿势美观，而且能使身体大部分肌肉群参与运动，促进血液循环。步态也能直接体现出一个人的自信。大家平时可能很少关注自己的走姿，但是看到走姿优美的人，任谁都会忍不住多看几眼。

想走好，先站好。在走的过程中要把体态调整好并保持住，这样才能走好每一步。

（1）发力点：要提胯，但对于初学者，不建议提胯。

（2）走一字步：不要走内八或外八，膝盖微微向里，相互摩擦，两腿之间没有缝隙，但不要刻意。

（3）重心：确保脚后跟中心位置落地，同时膝盖要直，重心顺着往前移。

（4）步幅：和肩宽差不多。旗袍两边开衩，步幅可以小一些。

（5）速度：走路时要有一定的节奏感，要走出步韵来。

平时在一些活动中，有很多女性穿旗袍走秀的时候是走猫步的，走猫步容易扭姿、摆胯，显示不出旗袍的端庄、矜持、含蓄、优雅，所以不建议走猫步。有些培训机构在教学过程中，为了让学员走得更稳，要求可以稍稍走外八，其实走外八或内八都不好看，不提倡这样走。

现在不管是国际时装步还是旗袍步，都是走一字步的。

要求两只脚是正的，真正做到走"一"字。练习的时候可搭配音乐，同时要注意脚的细节。

3. 手势的练习

手可以用来表现女性的魅力。如何让手显得纤细修长，使手型更漂亮呢？

要想使我们的手给人一种优雅美丽的感觉，关键点是：把手的侧面展示给别人。

接下来分享几种手的摆放姿势。

（1）前腹式：双手虎口相对，手肘微微向后，放置到肚脐眼下三寸的位置，为平常工作交流手位。

（2）腰际式：双手虎口相对，手肘微微向后，放置到肚脐眼的位置。

（3）迎宾式：双手虎口相对，手肘横向摆放，放置到肚脐眼的位置。这种手位适用于礼宾。

（4）阴阳手：左右手上下叠放，左手掌心朝上，右手掌心朝下。这种手位常用于社交、演讲等场合。

手势一方面丰富了形体表达，另一方面也能反映出当事人敏感细腻的心境，准确而巧妙地表达着最为真实的语言。

4. 眼神的练习

让眼睛变漂亮的方式有很多种，可以化妆、化眼线、文眼线，有些人还会做双眼皮手术，这些都是为了实现静态美。人们经常说"这个人的眼睛很灵动，会说话"，就是说，人的眼睛还具有一种灵动的美。想拥有这种灵动的美，就需要进行眼神的训练。

眼神的训练方式如下。

（1）聚焦练习

可盯着一个点聚焦，尽量不眨眼。聚焦练习可以让眼神看上去很坚定、有力量。

（2）运目练习

让眼睛活动起来。眼珠可以上下左右绕圈，画V字。眼睛不聚焦，眼皮放松，眼神虚化，给人的感觉会更妩媚、更有女人味。

（3）搭配旗袍表演用的音乐，让情感自然流露

音乐是艺术的灵魂，我们要经常暗示自己：我是最美的，我是最自信的，一切由我掌控。训练时一定要搭配音乐，旗袍表演用的音乐一般很抒情、有诗意，旋律优美。我们要学会享受音乐，享受当下的意境，当你真正融入音

乐以后，情感就会从你的眼神、表情中流露出来。

眼睛是心灵的窗户，眼神会跟着心走。只有用心去表达旗袍的美，才能够演绎出旗袍的韵味。

当然，想表现旗袍的形神雅韵，不仅要进行仪态训练，更要与内在的品德相融合，这样才能整体呈现出美的状态。很多学员误以为跟老师学习就是学几个套路、学几个成品，有机会可以展示一下，其实这只是一种表面的理解。

崔丽老师曾说："跟着美丽老师学习了一段时间后，我发现不是简单地学几个成品而已，而是在学习过程中，提

升对美的认知。比如说课堂上有几十个学员，老师一个一个地纠正，纠正好了就让学员保持住。后来我才明白'保持住'是为了让身体产生记忆，明白这个姿势是美的，这种发力方式是对的。这就是一种无形中的改变。"

第四节　找到所有让自己容光焕发的事情

　　年轻时我曾是艺训班主要骨干，退休后我加入了广东省老干部艺术团的模特队，因为以前有登台走秀的基础，再加上我的努力，我被邀请参加过很多活动。

　　2006年进入老干部艺术团以后，2007年我进入广告圈，为很多知名品牌拍过广告，后来还参与影视剧拍摄，参加模特选秀比赛、电视台综艺节目等。

　　每每回想起这些经历，我都会心生美好。

　　40岁以后，你的面容就是你灵魂的样子——其实不只是灵魂，还包括你的生活方式。你与这个世界相处的方式，40岁以后都会体现出来。

面对不可避免的衰老，我们唯一能做的就是找到所有让自己容光焕发的事情，正是因为它们的存在，我们才能体验到这个世界的丰富和巨大的可能性。

可以建立自己的清单，把你想做的事情全部列在上面，想象这个世界上有哪些事能够让自己容光焕发。在实践中，你会重新认识你自己。很多时候我们都会想：等我变美了、有钱了、瘦下来……我再去做。结果是一直无法完成你想做的那些事情。

很多日常的事情只有在做完以后，你才能感觉到它的好处。而且要坚持去做，最好能够把它变成你的习惯，因为习惯会让你觉得应该如此，不用费心费力地去坚持。

1. 好好吃饭 + 好好运动

饮食上，我吃自己爱吃的，并让自己吃好，因为吃好吃的会让我幸福感"爆棚"，心里很满足。这是一种非常棒的体验，让我知道我值得拥有最好的。

运动上，我也会让自己充分得到满足。我会尽一切可能让自己运动起来，能站着我就不会坐下来，能走路我就不会坐车，好的饮食习惯和足量的运动已经成为我的生活习惯。

2. 精简衣物

我经常做断舍离，所以保留下来的衣服都是我很喜欢的。

最贵、最精致的应该是你本人，而不是衣服。衣服是为了衬托你。好看不分人前人后。

3. 和自己喜欢的物品在一起

要置身于舒适的环境中，独处时好看，无人看时也好看。君子慎独，美人亦慎独。要有"我就是美人"的意识，这样你的自信就会提升。

我有100多件旗袍，每当我选旗袍的时候，我的手轻抚过那些我钟爱的旗袍，内心都会充满喜悦。

4. 和闺密一起旅游

这些年我和闺密一起去了国内不少地方，欣赏祖国的大好河山，未来我们会沿着中国的边境走一遭，去感受当地的文化。

5. 多夸别人，也享受被别人夸

鼓励是一种稀缺资源，我们这一生很少被别人鼓励，更多的是被怀疑、被批评、被指责、被否定。我们既要鼓励别人，也要鼓励自己，只有让正能量时刻滋养着自己，人才会越来越年轻。同时当别人夸我们的时候，我们也不必过于谦虚，要大方地接受，因为我们值得被鼓励、被喜欢。

多和夸你的人在一起，因为经常被夸，人会变得好看。爱就要夸，夸才是爱。先接受正面的评价，再乐观地去生活，同时忽略负面信息。

6. 穿旗袍参加活动

旗袍是我的心头爱，每当我穿上旗袍登上舞台，无论是走秀还是跳舞，我都感觉自己活在了心流当中。

7. 帮助别人变得更美

这些年，当我看到有越来越多的女性因为学习旗袍形神雅韵的课程而变得越来越美，自己能成为一道风景的时候，我的内心十分感动，我希望未来可以帮助更多的人活出生命的美好。

这些都是使我容光焕发的事情，它们让我的身体更健康、精力更旺盛、容貌更好、能量更充足。

不管是创业还是旅行，都要有好的体力，都要对自己的身体有信心。当遇到"接下来要工作一整天""旅行中没有赶上车，接下来要步行两公里"的情况时，你可以自信地说："我没问题，我可以。"

　　这种对自己身体的信心，会体现在各种各样的生活场景中。这种信心是持久的，来自你对身体能量的自知，来自你之前长期坚持的标准。

　　过自己的关最难，因为说起来容易，坚持不易。一次努力，只能换来一次成长。持续努力，才会有持续收获。在变好的路上，从来不缺计划和行动，但比计划和行动更宝贵的，是在看不到结果时，还能坚持自己的选择。

　　有人说，我们最终会变成什么样的人，很大程度上取决于在陷入人生的低谷时，我们是选择迎风奔跑，还是转身逃跑。好的人生，比拼的往往不是运气和聪明，而是谁能再多坚持一会儿。别人松懈时，你多一分认真；别人放弃时，你多一分坚定，这样日复一日，就会拉开距离。坚持很难，但是很酷。

第五节　旗袍仪态老师的品格之路

　　有些老师喜欢漂亮聪明的学员或有钱的学员，而对于那些长相一般或家境普通的学员，尤其是接受能力比较弱的学员，就会爱搭不理。老师越是不搭理她们，她们就越不自信。

　　有一次我去江苏上课，课堂上有六七十个学员，上课的时候，我注意到有一位女性朋友很不自信，眼神里充满了自卑，她一直不敢往前站，总是站在最后面一排最边上的角落里，想学但是又不敢。

　　我在人群中穿插的时候，经常在她旁边鼓励她，手把手地去引导她，告诉她"这个动作做对了，太棒了"，也会有意无意地表扬她一下。两天的课程结束以后，我在角落里换衣服，学员差不多都走光了，唯独她不走，拉着我的手，眼泪汪汪的。

她说："老师，很感谢你，其实我很想变美，但是我长得丑，又笨，很多老师都不喜欢我，只有你一直在鼓励我。我心里明白，其实我没有你说的那么好。老师，我喜欢你的课程，以后如果你来这里上课，我一定会报名的。"

我看着她的样子很心疼："你别这样说，在我这里大家都是平等的。爱美是每个女人的权利，是每个女人心之所向，有钱没钱都可以变美，变美也不一定需要很多钱。每个人都有美的特点，你个儿虽然不高，但你可以是小巧玲珑的美、小家碧玉的美；你觉得自己笨，咱们可以笨鸟先飞呀，不要去跟人家比，要跟自己比，你不比别人差的。"

她听着听着就哭了，看到她这样，我猜她遭受过的委屈肯定不少。老师对一个人的成长影响深远，在你成长最关键的时候，如果有一个老师为你指明方向，会改变你的一生，甚至会将你的人生提升到一个新的境界。

在旗袍仪态培训这条路上，我们培养了很多老师。如果只是讲解专业知识，那么大家就会成为遵守游戏规则，掌握旗袍仪态知识的一类老师。

他们虽然花费了大量的时间去培养职业技能，但是依然不清楚自己生活的意义是什么，不知道授课的目的是什么；虽然整天忙忙碌碌，但生活中还是会感觉到迷茫和焦躁不安，为什么？因为他们内心没有爱，没有付出过真爱，最终内在世界和外在世界都会成为一团乱麻。

想真正做到遇事不慌，就需要真正理解自己为什么要成为老师。老师，不仅是教授学生知识的人，还是为学生指引方向，把学生的人生提升到一个新境界的人。

我经常对学员们说："天底下有两种职业是讲德的，一个是医生，另一个是老师。医生要讲医德，老师要讲师德。我出去上课的时候别人都叫我老师，'老师'这两个字激励着我，我不能辜负'老师'这两个字。老师不是那么容易当的，要对得起'老师'这两个字，至少要做到两点：

"一是课品要好。也就是课的品质要好。所以专业上一定要不断地去巩固和加强，要超越别人。

"二是人品要好。好的老师不仅是在教知识，更是在教做人的道理。把心态摆正了，站在那里讲课，才会有底气。心正才能形正，形正才能神正。这两点做好，才能在这一行立住脚。"

好的老师都是可遇不可求的，我的成长得益于陆慧英老师，她现在已经80多岁了，陆老师曾是杭州市一所小学的校长，在我十几岁的时候，陆老师不仅教我文化课、专业课，还教我做人的道理。每当我在人生中遇到困惑时，就会向她倾诉，她都会循循善诱地来引导我。

比如我跟同行的老师发生了争执，陆老师就开导我要多站在对方的角度思考问题，多包容别人，很多事情要学会放下。陆老师让我知道，即使性格有缺陷，也无关紧要，因为所有人都不是完人。

我们都在跌跌撞撞地蹒跚前行，而生命的美与价值就在这个过程中产生。我们承认自己步履蹒跚，随着时间的流逝，我们的步伐会渐趋稳重。

谦虚可以帮助我们了解自己。如果我们敢于承认自己搞砸了，或者认识到自己有严重的缺点，就等于为自己找到了一个强劲的对手，我们必须全神贯注、竭尽全力，才能打败他、超越他。

法国思想家蒙田曾经说过："我们可以凭借别人的知识成为学者，但是想要成为智者，就只能依靠我们自己的智慧。"这是因为智慧不是一堆简单的信息，而是一种道德品质。以美入道，向美而行。如何在品格之路上不断修行，为更多女性朋友提供真正的价值呢？

你必须拥有一种内在的、能让人在追想你的时候，还能回忆起来的美德。具体该怎么做呢？我们可以回归到历史的长河中，找到自己的人生榜样。

《品格之路》一书提到了许多拥有优秀品格的名人，他们将个人品格的修炼置于个人能力之上，通过自己的行为对道德现实主义进行传播。作者在全书的末尾为我们列出了培养优秀品格的15条行为规范，每一条都值得我们细细参悟：

1.生活的目的不是幸福，而是神圣。

2.漫长的品格之路始于我们对自己天性的准确把握，其中最重要的就是认识到我们都是有瑕疵的。

3.尽管我们并不完美，但是也有得天独厚的优势。

4.在与自己的缺点作斗争时，谦虚是最重要的美德。

5.骄傲是最危险的恶习。

6.一旦生存的必要条件得到满足，防止犯罪、培养美德的努力就会占据我们人生舞台的核心位置。

7.品格是在内心世界与缺点作斗争的过程中形成的一系列倾向。

8.把我们引入歧途的欲望、担心、虚荣、暴饮暴食等，对我们的影响较为短暂，而构成品格的勇气、诚实、谦虚等对我们的影响则较为长久。

9.没有人可以凭借一己之力成为自己的主宰。

10.最终拯救我们的是上天的恩典。

11.击败缺点常常意味着让自己安静下来。

12.智慧始于谦虚。

13.只有以职业为中心，才有可能拥有美好的生活。

14.高明的领导者总是顺应人性的要求，而不会忤逆它的意愿。

15.与缺点作斗争并且进展顺利的人，不一定会成为富人或者名人，但他肯定会成熟起来。

旗袍仪态老师的品格之路，任重道远。

03

CHAPTER

>>>>>

第 三 章

成为带有野性生命力的自己

第一节　最好的那件衣服，是你的自信

经常有学员问我："美丽老师，您好有气质，什么衣服穿在您身上都很好看，我也想模仿，但总觉得无从下手怎么办？"

衣服确实很重要，我们的衣服在我们开口之前就已经替我们说话了，它不仅深深地影响着我们的自我感觉，同时也告诉我们身边的人该如何看待我们。

比起其他物品，衣服拥有定义我们身份的力量。

虽然每个人的风格都不一样，但是想让自己变美，其实也是有方法的。

最好的那件衣服，是你的自信。

我们每个人都会有容貌焦虑，对于女性来说，随着面部胶原蛋白的逐渐流失，加之出现淡斑细纹，身材走样，人会越来越不自信。这时你买再多的衣服，也不会出彩。

世界上没有完美的身材和容貌，每个人都有自己的优势和缺陷，就算是超模亚历桑德拉·安布罗休（Alessandra Ambrosio），也曾面临腰身比较长、比例不够完美等评价。奥利维亚·巴勒莫（Olivia Palermo）的身材被很多人认为是平板身材——不仅没有胸，腰还那么粗。但这并不妨碍她们成为无数人的穿搭榜样。

每个人都有缺点，但每个人也都有自己的优点。与其想尽办法掩饰缺点，不如多发挥自己的优势，让优点成为亮点。你只需要知道如何凸显自己的优势和掩盖自己的缺陷，然后进行改变即可，最终你会享受到衣服给你带来的红利。

虽然你是自己的毒舌评论家，但当你知道应该把注意力吸引到哪些部位，学会通过颜色和形状把注意力吸引到你的优势上时，你身上的那些缺陷就会自动淡出人们的视线。

你可以试着和镜子做朋友，我也是花了很长时间，才找到适合自己的穿搭风格的。比如我的优势是腰线高，因

此我选择的衣服大都会展示自己上身短、下身长的身材特点，这样整个人就会很有气场。

1. 穿让你觉得合身的衣服

很多人喜欢法国女人的穿搭，而关于法国女人，我想说的是：她们都穿合身的衣服，而且在乎衣服质量。如果你见识过法国女人购物，就知道她们对自己所买的东西是何等挑剔。

如果有一条永远不会被打破的规则，那就是法国女人遵守的规则：所有的衣服都必须合身，就好像这些衣服是为自己量身定制的。

量身定制意味着非常合身。衣服合身并非偶然，越能清晰地显现出你的身材，你就越好看。为什么呢？如果你穿的衣服不合身，你看起来就会很邋遢，好像你的衣服是向别人借的，却穿在你身上一样。更可怕的是，衣服仿佛是在折磨你，就好像衣服让你感到不舒服一样。

不合身的衣服不能凸显你的优势。不管你穿多大的尺码，也不管你的身材如何，合身的衣服能传达出你对自己的身材很有信心，而不合身的衣服则会传达出一种不确定性和信心匮乏。例如，宽松下垂的衣服会让人联想到这样一个问题："她在隐藏什么？"而太小的衣服会显胖，传达出你可能不完全了解自己身材的信息。

我经常对学员说要穿适合自己的衣服，如果有些衣服穿上去别人说好看，但自己每次都觉得很不自在，还要穿吗？答案是不要。再时髦的衣服，如果穿起来不舒服、不自在、不自信，我是不会穿的。能打造出自己的穿衣风格固然很好，但千万不要为了刻意营造风格而穿一些自我感觉很差的衣服。

舒适比时髦更重要。奥利维亚·巴勒莫曾经说过："我喜欢观察一个美丽的女人走在纽约街头的样子，感受那股自信。"而自信的前提，一定是那件衣服穿起来让我们觉得安心、满意和舒服。如果一件衣服穿起来不舒服，坐着也难受，站着也难受，行动都不自如，那它绝不可能为我们带来自信。至于"自己喜欢的未必是别人喜欢的"这个问题，肯定是优先选择自己喜欢的。没有哪一种风格、哪一种搭配是所有人都喜欢的。

审美这件事本来就很私人。有人喜欢复古风，就一定会有人跳出来说"土"；有人喜欢爵士风，就会有人说"怪"。再会穿的高手，也会有人不喜欢他的穿衣风格。而这恰恰是风格的真谛。

所以，只有找到让你觉得舒服的、合适的衣服，才能带来自信。反过来，自信也会让你的风格更突出。

2. 大胆尝试，才能找到更多可能性

因为我比较自信，所以我会挑战多种风格的衣服，如法式风、马术风、港风、国潮风等。多尝试能让我们挖掘出自己的更多方面，哪怕已经形成了自己的风格，也可以时不时尝试一些不同的造型。

在我拍了很多不同造型的照片之后，身边的闺密经常说"没想到这个造型这么好看"。要大胆尝试，不要把自己限定在某一种风格，只有多尝试，才知道哪种风格是适合自己的，哪种风格会让自己眼前一亮。

而对于没尝试过的风格，先不要急着否定，要学会接纳，因为你永远不知道哪种风格可以让你变得更好看。要充分体会你掌控着衣服而不是衣服掌控着你的感觉。

3. 找到自己的核心单品

核心单品，是你最爱的，也是最值得你投资的。核心单品的确立能帮你找到自己的风格。怎么找呢？从整理衣橱入手。那些你平时最常穿的单品，就是你的核心单品。

我衣柜里的衣服，基本上够穿就行了。一两年换一换衣服，定期做断舍离。所有衣服中，旗袍是我的核心单品，也是我的最爱。我的衣柜里有100多件旗袍，有便宜的，也有贵的；多数都是自己买的，也有朋友送的。我会在不同场合穿不同款式的旗袍，比如参加选美活动时会穿颜色艳丽或设计比较别致的旗袍；去其他城市出差、坐高铁或飞机时，我会穿生活化一些的旗袍，这样显得素雅、干净、舒服。

　　我为什么喜欢旗袍呢？因为穿上旗袍，在感受其贴身性的同时，它也在分分钟提醒我"不能含胸驼背"；如果老低着头，旗袍的领子就在下巴底下，一低头就会卡到脖子；而如果一驼背，旗袍背后就会绷住。旗袍不像那种宽松的连衣裙，它时时刻刻在提醒你，坐着的时候上身得挺直，要挺胸收腹，如果不注意，一泄气，一驼背，小肚子就会凸显出来。

　　旗袍的领子高，寓意是让我们抬起头来做人，不要低三下四；修身齐腰，是让我们挺直腰杆，不能含胸驼背；两边开衩，让我们走起路来如风吹杨柳，婀娜多姿，令人浮想联翩。旗袍的开衩最多开到膝盖以上10厘米，所以穿着旗袍时不能大步流星地走，要慢慢走，小步流星，这从某种意义上也提醒我们，人生要走好每一步路，否则就会一失足成千古恨。

当然，每个人喜欢的核心单品不同，可以根据你喜欢的风格来确定核心单品。如果你追求奥黛丽·赫本式的优雅，白衬衫和迷你裙是必不可少的；杰奎琳·肯尼迪的经典搭配中都少不了一副超大号墨镜。核心单品的确立也可以把体形特点考虑进去。比如说上围丰满的人可以多尝试V领，大腿粗的人可以多穿裙子，小腿粗的人可以多穿迷你裙。

核心单品就像一块画布，可以在上面添加不同的元素，尝试不同的搭配。找到核心单品后，我们就清楚应该把预算花在哪里了。也许买的时候会嫌贵，但以后每次穿的时候都是一次愉快的体验。

最后，我想向你分享的是，穿衣打扮是为了让自己开心、舒服、自信，不是为了吸引别人的眼球，获得别人的认可，不需要费尽心力、从头到尾去装扮自己。你气质里的那份自然、舒展和自信，会让你呈现出与众不同的魅力。

第二节　不要追求名牌，要把自己打造成名牌

　　现在大家的经济条件都比较好，尤其是50岁左右的女性，有闲有钱有追求。我每次带队去国外，很多女性总要留出来一天时间去买名牌服装。有能力买品质好、有设计感的名牌服装自然是好事，但把好气质穿出来，并不是每个买得起名牌服装的人都能做得到的事情。

　　许多人之所以热衷于买名牌服装，是因为他们认为穿名牌服装是一种身份的象征，代表自己拥有一定的社会地位，相当于向别人宣布"我是有钱、有地位的，你们都得尊敬我"，进而认可自己。

可惜很多人只是在装饰外在，真正的有钱人会觉得你是暴发户。什么才是真正的富贵呢？

富贵，是既要富又要贵，富和贵是两码事，千万不要富而不贵。到现在为止，我没有穿过名牌服装，没有买过名牌服装，因为我觉得自己就是名牌。

要先投资自己，把自己打造成名牌。你成为名牌以后，穿什么都是名牌。

所以，我们不一定要穿名牌服装，但是一定要穿得得体。你只有变得值钱了，才有可能赚到更多的钱。在你自己不值钱的情况下，暂时先别去买名牌服装。

我的闺密陈适愈老师对这一点就深有感触，她是很多知名品牌的代理经销商，20世纪90年代的时候就能做到每个月上百万流水，一年的销售额达一亿多元，在食品行业很有名气。她当时因为要参加很多会议，所以很注重自己的形象，参加大型会议时会穿名牌西装，搭配名牌包包，平时在公司里穿的也是西装；衣服都是成套成套地买，一套下来要好几万，名牌包包也买了很多，就连运动服T恤都价值上千元。

她上了我的课以后，改变了很多，衣服不再像以前那

样成套地买了，也很少买名牌包包了。最重要的是，她现在整个人的气质都提升了，体态更加优雅端庄，真正达到了全身穿的都不是名牌，但穿到身上都像名牌的效果。

她说话的声音也柔和了许多，举手投足，韵味十足。即便穿旧衣服，也比以前穿的时候好看。

所以，我经常对学员们说："你们不要认为我的课报名费很贵，我会用另外一种方式返还给你们，让你们觉得付出是值得的。"

曾经有一位女企业家来上我的课，她说她从小到大最怕登台展示自己，上了我的课以后有了重大突破。她还给我发了一段语音：

"大姐好！本来呢，像我们这种过了50岁的女性，很多人都在思考这个年纪该怎样提升自信……听完今天的课程，才知道白发也可以这么漂亮、这么自信。

"年纪大了，还这么有自信……您让大家看到了希望啊！任何一个女性，只要进入这个课堂，对自己稍微有一点要求，都能够感受到课程的价值。

"今天我跟几个朋友探讨了一下，觉得这个课上得太值了。谢谢美丽老师，谢谢璞月集团！"

确实，自信比黄金还珍贵，是花钱买不来的。当你对自己更有信心以后，你的生命中就会自动萌生出不可思议的力量。

有的学员问我："老师，我也想当老师赚钱，是不是我从导师班毕业以后，就可以去上课赚钱呢？"我就跟她说："我支持你，如果喜欢，可以进入这一行，但是先别想着赚钱，导师班毕业不一定能赚到钱。你要先把自己打造成名牌。"

我也是一路走过来的，一开始我没想到自己会去当老师，我连小学文凭都没有，怎么授课呢？至于到全国各地甚至走出国门去讲课，之前我想都不敢想。

我当初之所以进入这一行，并不是为了授课，而是因为喜欢在T型台、舞台上绽放自己，很享受T型台下的掌声、赞美声。从T型台上下来以后，每次都有好多人跟我说："美丽，你太美了，你一出场就好有气场、好优雅；你转身扭头时特别漂亮，能教教我吗？"

我是在传播美的同时慢慢地走上这条路的。一开始我从没想过要去赚钱，都是出于热心去分享，也没有赚到钱。后来有需要的人多了，当我把传播美当作事业以后，赚钱是顺便的事。

如果没有事先打造好自己，一开始就想着赚钱，十有八九是赚不到钱的。要先学会付出，学会舍得，舍得以后才能得到。

我在一路分享的过程中，收到了很多学员的反馈，有些学员还为我写了诗。

《恋人心——璞月曹美丽雅习社课堂有感》

本来不想发声了，激动的心，颤抖的手，情不能自已啊！

课已经结束？不，课才刚刚开始。

人生如戏，戏如人生，生活是舞台剧，舞台是生活版。

学生甲：回家不记，陌室楼层；

学生乙：乐不思"蜀"，流连忘返；

学生丙：身在四海，心在"曹"营；

学生丁：下次课堂，望眼欲穿。

…………

A说，天公抖擞降人才，美丽老师人人爱；

B谈，白发园丁灵魂师，德教双馨生生恋；

C道，挥洒旷世奇才，崇尚舞台，天地为之惊骇！

D叙，学富五车气自华，传道授业解惑，自忘年；

E讲，斗手酌足细推敲，拈精撮细苦思量；

F夸，温和施教沐浴心，赏识育人性情真；

G吟，海阔天空八斗跃，幸福欢乐笑难休；

H赞，精心竭力架天梯，蚕丝抽尽千般爱；

I颂，胸怀有阔敬岗业，随风潜入滋于心；

J扬，半世东奔西忙，恩师片言之赐，令人拍案叫绝！

…………

先生之风，山高水长，十全十美；

璞月之家，万爱千恩，常回家看看！

常常收到类似的反馈，这一路发生的故事，都是我成长的动力，一直在推着我往前走，如果没有出现身体方面的问题，我想我会一直在这条路上走下去。

我不追求名牌，一路上，我努力把自己打造成名牌，即使穿不知名品牌的服装，我也能穿出名牌的效果。我希望每一位女性朋友都能把自己打造成名牌。你的气质，需要积累打磨。

当你站在镜子前，看到镜中人自信、优雅而得体，完全不在意世俗对你的评价，你就成了名牌。要永远记住：你的情绪很宝贵，所以精神一定要愉快；你的时间很宝贵，所以一定要去做有价值的事；你的精力很宝贵，所以一定要专注于你真正想要的东西。

生命没有败笔，你若决定灿烂，山无遮，海无拦。

第三节　奶奶们证明给你看 衰老并不可怕

　　我经常和闺密们拍各种风格的照片，比如海边的沙滩照、上海风的旗袍照、骑马的照片，将照片发到朋友圈之后，就会有很多人留言："好羡慕你们，怎样才能像你们一样，优雅地老去？""活成了我期待的样子。""希望年老的时候也能像奶奶们一样自在洒脱……"

　　衰老是一个大家热衷讨论的话题，也是每个人不得不面对的话题。很多人谈老色变，甚至连明星也不例外。

　　周迅因为在《如懿传》头几集里演少女，被大家吐槽"装嫩失败"。为了证明周迅老了，有人甚至拿出高清特写照进行分析，网络上甚至出现了不少模仿的视频，周迅年轻时候的照片也被翻出来做对比，以前谈到年龄时周迅是非常洒脱的，否则怎么会允许自己未被精修的照片被朋友随手发出去呢？但是后来她也对"衰老"这个评价一时无法接受。

在某一期《时尚芭莎Harper's BAZAAR》杂志的采访中，她对陈可辛导演说："有段时间每天醒来自己都会哭，可能我一时无法直面人会衰老这件事情。"

不仅女性对变老这件事特别敏感，男性也一样。吴彦祖在微博上发过自己16岁的照片，自嘲有脱发烦恼。老实说，除了发际线变高，他的头发比起同龄男士可以说非常茂密了，可依然有很多人感叹"连吴彦祖都秃了"。

一个"都"字，把"男神"拉入了凡间。岁月的打击力度是均衡的，对男女都一样，对明星和我们也一样。

如何面对变老这件事？变老不是头上出现第一根白发，也不是脸上出现第一道皱纹，放弃自己才是变老的开始。

当我们以年龄来简单地定义是否变老时，就忽略了更为强大且持久的心灵力量。我们见过老态龙钟、经常住在医院里的老年人，也见过头发花白、体格依然康健的老年人，还见过那些老了也优雅、身段优美的励志榜样。那些美丽奶奶们用她们的状态证明：衰老并不可怕。

心若不老，人就永远年轻。我们怎样做才能优雅地老去？

多尝试，找到自己热爱的事业。

有一名澳大利亚的临终关怀护士，曾对那些生命即将走到尽头的病人进行采访，询问他们人生最遗憾的、希望有机会重来的事，她记下他们临终前最为后悔的五件事，其中排在首位的是希望能过属于自己的人生，而不是按他人的意愿生活。

这是所有临终者最常见的遗憾。当生命即将结束，很多人蓦然回首，才后知后觉地发现，自己有很多梦想都没有实现。大部分人甚至连一半梦想都没能实现，就要面对死亡。而造成这一切的，不是别人，是自己一路来的选择。

在人生的道路上，至少给自己几次冒险的机会，去追求心中的那些梦想。在身体状况允许的时候，我们更应该努力追求生命中的所想、所爱。健康带给人的自由很少有人能意识到，往往直到失去才追悔莫及。

按照自己的意愿生活，最重要的是找到你的热情所在，

也就是找到你永远都能乐在其中的事业。

　　我很幸运地找到了传播美的事业，能向每一位爱美的女性传达我对美丽、优雅、时尚的理解，通过形体、仪态、穿搭、礼仪4个板块的培训，帮助女性提升整体形象，打造她们的个人品牌，同时我也会带领学员们参加国内外大型时装走秀、广告拍摄、电视节目等活动。

这份事业让我最有成就感的，是看到身边每一位女性的状态变得越来越好。

我60岁那一年在嘉峪关上课时对学员们说："我今年60岁了，头上有白头发了，脸上的皱纹也有很多了。白头发老早就有了，50岁左右的时候我还将它们染黑，到了60岁我就不染了。虽然我有这么多白头发，脸上有这么多皱纹，但是我心态年轻，年龄60，心态16，时不时还装装嫩呢。"台下掌声雷鸣，我感受到了大家对我满心满眼的喜欢。

日本人七八十岁还在找工作，法国人七八十岁还在谈恋爱，中国人不要说七八十岁，五六十岁就开始找养老院了。我一路走来，充分认识到人的心态决定一切，我是最好的例子。

谁都不想变老，但生老病死是自然规律，谁也阻挡不了。我们唯一能做的是调整好心态，好好迎接我们的白头发，迎接我们的皱纹，而不是把头发染黑（染多了对身体有害），打玻尿酸（打多了脸部会更难看），把脸上的皱纹弄平。我们要让我们的白头发、皱纹散发出优雅的感觉。

年老并不一定意味着衰老。我也有鱼尾纹、老人斑，但我并不感到害怕。如果说有什么能让我害怕，我只害怕自己活得不够精彩、不够尽兴。

人生的快乐往往是超越自我的。幸福是你追求的东西，而快乐是意外出现并席卷你的东西：幸福来自成就，而快乐源于"赠人玫瑰"；幸福会消退，而快乐不会褪色。

如果你暂时还没有找到自己的热情所在，可以问问自己：

我擅长什么？

我行动的动力是什么？

我真正热爱的、在接下来的几十年里会一直努力做得更好的是什么？

我渴望的、俘获了我的内心的是什么？

才华不会凌驾于热爱，大多数情况下，热爱比才华更重要。热爱，才是你的长期动机。罗伯特·格林在他的《简洁掌握》一书中谈到："你对正在做的事情的情感承诺，将直接转化为你的工作。如果你三心二意地工作，结果就会平淡无奇，你就会在最后落后于他人。"

更重要的是，如果你从事的工作是你所热爱的，你就会将自己的生命视为艺术品，在你年老时会显现岁月的积淀，一种更文雅的说法是：德高望重。

对于碌碌无为的人来说，变老就像人生的冬天；对于持续耕耘的人来说，变老则意味着收获和酝酿。在有限的生命里，让我们尽量多做一些有趣的事，生命的长度也许有限，但深度和广度可以无限拓展。

最后向大家分享"热情自测13条"，以帮助大家快速找到自己的热情所在：

1.做这件事有幸福感和喜悦感。

2.无论什么时候，这种喜悦感都不会消失。

3.发现自己忘了时间。

4.完全沉浸其中，无比专注。

5.当有人告诉你该回家的时候，你有点失望。

6.喜欢和任何愿意倾听的人谈论自己的工作。

7.有时候你的伴侣或家人会因为你一直谈论工作而感到生气。

8.到家后，你会阅读和工作领域相关的书籍或文章。

9.喜欢和那些充满热情的人在一起聊天或相处。

10.即使薪水不多，你也愿意做这份工作。

11.点子不断，无时无刻都在想着你的工作。

12.总是在思考如何更深入地探索新的做事方式。

13.在工作中能获得非常多的乐趣，很乐于向他人分享自己的工作心得。

可以对照上述内容，看看自己目前工作的热情度有多高。

如果有8条以上回答是Yes，那么恭喜你，你是充满热情的；如果没有，或许你应该重新寻找自己的热情所在。

第四节 感动哭了是种什么样的体验

　　一天，我收到一位学员发给我的信息："我参加了美丽老师的课程，第一次近距离听老师讲课。老师的一举一动、一颦一笑都深深吸引着我。端庄、优雅、高贵、婉约、坚定、飒爽、幽默、俏皮、温暖、可爱、善良……这么多的美好品质居然神奇地集中在一个人身上！鸣姐说她经常会被老师感动哭，这下我相信了，这次14天的学习，我也好几次被老师感动哭了。

　　"在三位老师的身上，我看到了岁月静好，激情依旧。你们教学时一丝不苟，手把手教我们做动作，课后不厌其烦地进行指导，不仅使我们的形体仪态更加标准，还净化了我们的心灵。感谢鸣鸣姐姐把美丽老师请到了栖霞，这样我才有机会参加她的课程。美丽老师总是在背后默默付出，不被人理解的时候她也会感到委屈，也会偷偷流泪，但她在学习美、成为美、传播美的路上坚持前行，为我们做着各种幕后工作，保证我们能上课学习，并且为了宣传家乡，她一直都在忙着做各种准备。"

看到她的信息，我也为她的成长感到开心。其实不只是她，很多学员看到我都会说："我被美丽老师的美所感动，看到美丽老师，眼泪就忍不住流下来。"如果你问我这是一种什么样的美，我觉得用6个字概括最为合适：内修心，外修形。

内修心，即向内观，观察和觉知自己的起心动念。

新冠肺炎疫情期间，有一次我们去浙江参加一个大型活动，有两三百人来参加表演节目，每一个节目少则八人，多则二三十人。我是主评委，和一些老师在评委席上看这些节目，当时崔丽老师也坐在我的旁边，有几个助教老师坐在我们身后。

总共有100个节目左右，很多老师从早上一直看到晚上，看到最后，累得在位子上趴着睡着了。而我一直坐得很笔直，崔丽老师问我："很多老师都打瞌睡了，您不渴不困吗？要不要我给您去倒杯水？"

我对崔丽老师说："崔丽呀，好多东西要学呀，每一个节目的整体画面、编排内容、服装道具的搭配、背景的搭配、人员出场和下场的方式都需要好好分析。比如这个节目本来很好，但是演员穿了一双特白的高跟鞋，整个节目就完了。"

"哇，老师，您不说我还看不出来。"

"我要不点破，你只是觉得节目看着不舒服，但是哪里不舒服就很难说出来。细节决定成败，专业性就在这些细节里体现出来。"

后面一个节目是旗袍舞，背景是蒙古包。我又对崔丽老师说："崔丽，你看看，这个节目的背景应该是古建筑或江南风光那种美景，配蒙古包是不是很不搭？"

她说："哎呀，是啊！"我一边看一边对她们说："你们多看多分析，也能学到很多东西。其实我这一路也在学，我没有学过创编，现在却能创编这么多内容，我就是这样边接触边学的，这些经历都是滋养我的养分。如果没有这些养分，我能创编出这么多的成品吗？"

崔丽有所感触："我能有今天，要感谢美丽老师。"

我说："不要感谢我，要感谢你自己。因为你相信我，我才能带你。在课堂上，我愿意跟任何人分享，更何况你是我的学生。可如果几次下来，你都不想听，我就不会再跟你说了。"

后来我们经常一起研讨、一起分析，我和崔丽老师是师生关系，但处得像姐妹一样，我从她身上也学到了很多。

崔丽老师跟我出去的时候，我对她说："平时在待人接物上，一些我注意不到的细节，你一定要提醒我。我们相互提醒，才能进步。"

有一次，我们和主办方吃饭，当时人挺多的，主办方的人问我："美丽老师，您身材怎么那么苗条，您是不是很多东西都不吃？"

我说："我除了辣的不吃，其他的什么都吃，跟猪似的，从来不忌口。"

事后，崔丽老师对我说："老师，您说的这句话会降低您的身份，别人若问您，您就说'我都吃，不挑食'就行了。"

我听她这么一说，猛然意识到自己说得太粗鲁庸俗了。

我说："谢谢你，崔丽，你的提醒我记住了，你要继续提醒我啊！"

反馈就像一面镜子，让我们从一个不曾留意的角度明白自己的一些观念和做法错在哪里，从而改进。

像一个战士对待敌人那样，穷尽一切办法，用尽一切力气，调整改变。这样才会把人生的主动权牢牢掌握在自己手里，这样才是对自己、对别人真正的负责。

外修形，形象管理做得好的人，自我管理能力通常都比较强。

我们的言行既要让自己舒服，又要合乎场合要求。如果穿旗袍，配凉鞋或拖鞋就很不合适。因为穿旗袍是有讲究的，必须前不露脚趾，后不露脚后跟。穿旗袍最好配皮鞋，而且还得是精致的皮鞋，平底皮鞋也可以。

很多时候可能你自己都没发现，你对自己的态度原来是这么凑合。也许你会觉得，偶尔凑合一下也没关系。可当你习惯了凑合穿一件衣服，凑合背一个包，那么接下来，你就会接受一份凑合做的工作、一段凑合处的感情，进而慢慢失去了追求更好生活的动力。

对待凑合过且懒惰的人，时间远比想象的更无情；对待勤奋上进的人，命运会显露出意想不到的温柔。如哲人亚里士多德所说："最终决定我们成为怎样一个人的，正是日复一日坚持的事情。然后你会发现，优秀不是一种行为，而是一种习惯。"

认真负责一直是我对自己的要求，很多学员因为喜欢我而报名课程，所以我上课一直是亲力亲为，全程自己上，不像有的老师上一段时间课，就要助手去代课。

我很少休息，上午讲两个半小时，下午讲两个半小时，中间休息十分钟——要知道讲话是很伤元气的。而且由于我的工作性质，我一直都是站着或走动讲课。

我也不是每周都有双休日的。有时候在一个地方讲完课，就要连夜乘飞机赶到下一个地方。比如我在一个地方下午五点半讲完课，要马上赶到机场，飞机票得买晚上九点后的航班。有时候飞机延误，到达目的地时已经凌晨两三点了，早上还要继续上课。

很多人问我为什么瘦得这么好看，那是因为我的工作强度大，身心消耗大。我这个年纪，面对这么高强度的工作，属实不容易。另外，也有我长期训练的原因。

这也是个人形象管理得好的人，其他方面一般也很优秀的原因。他们通过强大的自我管理能力，收获了好身材、好气质，还有对自己的信心和追求更好生活的热情。

当我们谈论形象的时候，我们所谈论的，其实是我们和自己的关系。只有我们相信自己值得拥有更好的，我们才会为那个目标去努力。

很多时候，我们说到优雅，看的是年轻人，而生活中的优雅更多体现在奶奶们的身上，如那些年过七旬，依然穿着漂亮的衣服，昂首阔步在街上的奶奶们；那些经历过磨难，却依然对你说"要相信这世上好人终归比坏人多"的奶奶们；那些皱纹已经爬满脸，却依然怀有一颗对世界的好奇心、不倦怠不放弃的奶奶们。还有一些永远也没有机会走上T型台和红毯的普通女人，她们一生都不曾浓妆艳抹，但是对待生活时她们坚强而从容。

艰难的时候可以乐观地去面对，成事的时候不张扬不浮躁，懂得内敛和沉着，这种优雅是内心强大的体现。优雅只有在岁月的洗礼中才能修炼出来。

无论多么漂亮的容貌，那种让人叹为观止的美丽也只能维持在青春年华里，而优雅则是可以伴随一生的魅力。优雅是女性身上最不怕衰老的一种特质，愈久愈浓。岁月可以偷走青春靓丽的外表，但偷不走女人内心的优雅。

内修心，外修形，深入自己的内心，然后向外拓展。

愿优雅成为你的"精神长相"，自然而然地散发出灵魂的香气。

第五节　勇敢的人先享受这个世界

人生须尽兴，而不只是活着。

每个人的一生都是各种体验的综合，体验有大有小，有免费的，有花钱的。请你思考一下，你真正想从人生中获得哪些有意义的难忘体验？

当你回顾自己的人生，体验的丰富程度将决定你对自己人生充实程度的判断。敢于挑战的人往往可以获得更加精彩和幸福的人生，我挑战过很多次，也经历过许多煎熬。

2019年我挑战戈壁沙漠徒步108公里，四天徒步走完。那一年，我62岁。年过六旬，还参加强度这么高的活动，身边很多朋友担心我的身体。

也有很多人怀疑："哎呀，美丽老师你有钱不赚，还去沙漠徒步，你这个年纪还能行吗？这是年轻人的事儿。"

我的确要自己花钱参加活动，可我更想让人生拥有特别的经历。人生中有很多东西都需要去体验，我会尽最大努力去挑战自己，如果我挑战成功，就会给我的孙子孙女留下精神遗产。在他们事业、婚姻遇到挫折的时候，他们会想到："我奶奶四天走100多公里都能挑战成功，当下的挫折和困难我也可以克服。"

很多人觉得若挑战失败，会很没面子。怎么会没面子呢？我不会去想晒得很黑怎么办，一天走30公里走不动了怎么办，我想做就去做，我享受的是过程而不是结果。

人生本来就有输有赢，虽然做事当然要尽最大努力，但有时候即使你尽最大努力去做了，也不一定能成功。

人生是在跌跌撞撞、输输赢赢中走完的，我并不害怕结果。我活到这个年纪，输了也没什么。决定了就去做，结果就顺其自然。

我们去徒步的前一天需要分组，12个来自全国各地的人在一个帐篷里，我是年纪最大的一个。每天开走之前，团队都要开会，口号是"不放弃，不抛弃"，团队里只要有一个人走不完，整个团队就算失败。规则定好后，就开始走了。

说走就走听起来很洒脱，实际每天平均要走30公里，远比想象中的困难。这30公里路不是城市里的路，风景也没有想象中的那么好，真实的沙漠里什么也没有，我走了四天，连蚂蚁都没见着。每天全靠毅力撑着，没有毅力肯定走不完。每一步都有千斤重，越走越不想走，腿根本抬不起来。

走着走着，感觉两条腿似乎不是自己的了，这是每个人都会经历的，但没有人选择放弃。大家咬着牙，数着路上一面又一面的旗帜，一步接一步地走着。走到后面，话也不说了，因为要尽可能地保存体力。这时候身旁经过的人一句简单的"加油"或者只是竖起大拇指，都会给予你力量，支撑你走一步，再走一步……

每天平均走30公里，还有时间限制，必须要在下午5点以前走完，下午5点以后到达终点就算挑战失败。所以，很多年轻人都在中途放弃了。

晚上，男女老少住在一个帐篷里，虽然大家都不认识，但大家在帐篷里面相处得很融洽。特殊的共同经历让大家走得很近，你给我压腿，我给你捶背按摩。因为我晚上要起夜上厕所，所以睡在门口会方便一些。谁知道睡袋的保暖性不够好，帐篷门也没关好，门口风又大，我被冻了一个晚上，没睡好，第二天起来头晕晕的。团队就安排了一位身强力壮的小伙子陪着我走。

我不想给大家添麻烦，于是从第三天开始，就坚持一个人走，并给自己立下军令状：就算爬也要爬到终点！坚持走到第三天，身体已非常疲惫，为了节省体力，我尽量不跟大家讲话，一个劲地朝前走，坚信胜利就在前方。

然而，还是出现了一个小插曲。在冲向第三个终点的时候，我的脚被绊了一下，摔出去两三米远，我当时躺在地上，一动也不敢动。还好我足够幸运，没有受多大伤。

　　我觉得自己真是太了不起、太有毅力了，走不动还硬撑着坚持下来。在这一望无际的沙漠，我充分认识到自己的渺小，但也感受到自己的伟大。这种强大生命力所带来的震撼让我重新认识了自己，我凭借信念坚持了下来。不知不觉间，徒步的路程快要走完了，我对着茫茫戈壁号啕大哭。我被大自然感动，被队友感动，更被自己感动。

　　到达终点、听到锣鼓声的那一刻，我们都忍不住相互抱在一起，感动得热泪盈眶。尽管大家抵达终点时已耗尽最后一分力气，累得话都说不出，却都不去休息，站着迎

接后面每一个抵达终点的队友，高兴得泪流满面。

我们像是一同出生入死的战友，虽然仅有几天的情谊，但我们见识过彼此铁马踏黄沙般的豪情万丈，见识过彼此精疲力尽后却依然咬牙坚持的钢铁意志，也感受过明明自己已累趴，却依然有力气去帮助他人的这种人性中最温暖的一面。在终点看到每一个人时，有种"所有的相遇，都是久别重逢"的感受。

在当天的庆功宴上，我和队友们穿上旗袍、唐装，优美儒雅地一齐走出来的时候，完全看不出是刚打完一场大战而精疲力尽的战士，大家觉得很惊艳，全场掌声雷鸣。

现代女性既可以是温柔似水的贤妻良母，也可以是金戈铁马的铿锵玫瑰。

希望我们在有限的余生里惊艳更多人：无论你多少岁，只要你心态年轻，你就是年轻人，就可以去做很多的事。无论你身处何方，面对何事，只要拥有坚定的信仰，你想要的东西就会在前方等着你。

女人之美，仪态为先

第一节　不开口，仪态就是影响力

　　有的人即便站在茫茫人海中，也会自带光芒，一眼看过去便知不是寻常人；即便不开口讲话，身体姿态和动作也在帮他表达，这就是身体语言。那些气质超群的女性，一出现，你就能感受到她美好的仪态。美好的仪态可以让女性受用一生，能无时无刻散发光芒。这就是大家口中常说的"气质"。

　　气质，是一个人由内而外所流露出的神韵。也许，它不能让你第一眼就惊艳世人，但绝对可以让别人对你过目不忘。正所谓"芳华容颜终会老，唯有气质留心间"。

　　为什么有些人越活越有气质？岁月在大家的脸上都留

下了痕迹，也在一些人的脸上增加了气质。比如杨绛先生、秦怡女士、我的偶像超模卡门·戴尔·奥利菲斯。她们从外在来看气质好，穿着得体，有优雅的体态，面带舒缓的表情，还有适合自己的穿搭；从内在来看，她们的认知具有深度，外加见过世面，这些成为她们最好的"门面"。

在气质中，最重要的就是女性的仪态。女子之美，仪态为先。没有哪个女人可以年轻一辈子，当娇美的容颜消失以后，高雅的体态和气质就成了自信的源泉。挺拔健康的体态是彰显气质的第一要素。

气质并不是很玄妙的东西，而是后天可以修炼出来的。下面分享一些改善仪态的方法。

1. 无论什么时候都要站直，站姿是一切仪态之首

大家一直都喜欢我的优雅仪态，这也是我长期刻意训练的结果。如果你看到有人优雅地行走，也会被深深地吸引住。弯腰驼背的样子只会让人觉得你无精打采，让你看起来有些悲伤或恐慌，而当你开始昂首阔步时，你会显得既坚强又自信。

如果你希望从里到外都信心满满，请从练习更好的仪态开始。身体站直，肩膀向后靠，脸上露出愉快的表情。

收腹立腰是站姿的重点，如果你放松地站着，肚腩自然就凸出来了，所以站立时一定要收住小腹，经常练习还能帮助你把大肚子练小。而且，并不是上台时才需要注意站姿，日常生活中也要收腹立腰。当你收腹立腰的时候，整个人的精神状态也会变得更好。在这个过程当中，你的身体会产生肌肉记忆。慢慢地，你的举止会越来越优雅，这也是你生命状态的一种改变。

收腹立腰的同时还要注意放松肩膀，这样整个姿态才会自然。走路时也要注意保持身体呈一条直线。听起来很累，其实习惯了就好。

分享一下标准站姿的要领：头正、颈直、肩平、胸挺、腹收、腰立、臀紧、腿直、脚正，两手自然下垂于裤缝两侧，眼睛平视前方，面带微笑。

走路时，步伐迈太小显得很小气，步伐迈太大显得太粗犷。所以，步幅最好为一个半脚掌长度，具体要根据身高腿长来调整，膝盖朝向正前方。

另外，走路时肩膀不要抖，手也不要甩得太厉害。总之，上半身尽量不动，只动下半身就好。最好是脚后跟先着地，这个小习惯可以让你在穿高跟鞋时更轻松舒服，穿平底鞋时避免小腿变粗。想象自己是一棵移动的树，让仪态变得向上而挺拔。

2. 练出天鹅颈

天鹅颈是气质与魅力的象征，它像白天鹅一样优雅美丽，带动直角臂、肩颈线以及能养鱼的锁骨，尽显女人的优雅气质和性感姿态。

而很多女性脖子的肌肤受到长时间的挤压、风吹日晒等因素影响，容易形成项链般的折痕，其中有一类人容易出现颈纹问题，即肥胖、颈部脂肪多的人。

脂肪一多，就会在颈部堆叠，等于每时每刻都在挤压皮肤。所以日常最好控制一下体重、体脂，保证饮食健康，每周要运动两三次。

同时，有一个动作也容易导致颈纹加深——长时间低头。每天因为工作或者玩手机长时间保持低头的动作，会让脖颈处于紧绷状态，颈纹就在不知不觉中爬上了我们的脖子，导致脖颈变粗，甚至颈椎变形。不光不会有天鹅颈，看起来还会再显老5岁。

所以，为了美，建议你玩手机时举高一点手机；在电脑前工作时将显示屏垫高一点，确保不用低头就能看到。每工作或学习一小时，要活动几分钟脖子，做前倾、后仰、左右侧弯及绕环动作。

那么，怎样才能拥有好看的天鹅颈呢？

当我们平视时，头的重心正好落在身体正中。而当我们长期伏案低头时，重心前移，力矩拉长，从而造成软组织疲劳，引起疼痛与不适。

第一个动作：耳朵找肩膀。这是一个简单的动作，用耳朵找肩膀，左耳找左肩，右耳找右肩，每次做30个。

第二个动作：沉肩。肩膀尽量远离耳朵，然后把肩部往下沉，每组做12次，每天做5组。

第三个动作：头部绕环。头部大幅度并缓慢地转圈，让颈部肌肉得到最充分的放松，顺时针环绕10次，逆时针环绕10次，每天做两组。

第四个动作：靠墙站。每天饭后身体贴墙练习站姿15—30分钟，很快就能见到效果。挺胸收腹，肩向外展，全身肌肉绷紧，夹紧臀部，腿部稍微用力，能纠正驼背、扣肩等不良体态。

有美丽的天鹅颈，肩颈仪态好的人，看起来会更有气质一些。

3. 双肩打开，时刻沉肩

现代人的生活压力越来越大，多数人常处在高度的紧绷状态中，如何让自己处在紧而不绷、松而不垮的状态，需要我们不断地探索。

有的人不会放松肩部，经常扣肩，时间长了，肩膀就像钢筋混凝土一样厚重坚硬，背部显得很厚，接着肩周炎、颈椎病就会慢慢出现。

扣肩，会让人看上去缺乏自信、显老，想要显得年轻，体态好看，肩膀一定要打开向下。

为什么这么说呢？因为女人最彰显青春的地方就在肩背部。常说香肩美人，背薄一分，年轻5岁。女人可以没有背景，但不能没有背影。

那该如何做呢？在教学中，我们经常强调的是：一定要记得，双肩打开的时候，尽量放松向下沉，颈部向上提拉，这样从颈到肩的线条就会显得特别流畅、修长、优美。

要提升对胸颈肩部的重视程度，因为这是女性最彰显气质的部位。可以想象两胸中间胸骨的位置有一只眼睛，让这只眼睛迎上去看外界，这样胸椎自然就会向上推，脖子也会挺拔，肩部也会向下沉，但一定要注意，不是向前推胸，而是向上迎。

　　保持优雅的仪态会使你看起来很有气质。可以把家中的镜子换成全身镜，经常照一照，看看自己的仪态。每天端详自己美的地方，人会越来越自信。

　　美人从不会被岁月打败，星河流转，天地悠悠，远去的是时光，留下的是气质。

第二节　优雅是不失爱与约束

　　有学员曾经问我："老师，您的仪态这么好看，是需要时时刻刻都保持优雅的站姿和坐姿，还是说平时您就处于一种放松的状态呢？"

　　这是一个非常好的问题，那些仪态好看的人，站在哪里都是一道风景，而我们总会想："她怎么这么好看呢？她是怎么做到的？"

　　或许，我们对于优雅都有一个相同的误会，就是认为它是可以打扮出来的某种样子。有时我们的确打扮出了某种"样子"，但是随后发现，优雅不只是某种样子，当它只是某种样子的时候，它反而是"易碎"的。

优雅的本质是一种内在修为。它关乎爱与约束，善良与真诚。这种内在修为是一个人可以保持一种优雅状态的真正关键。

我的优雅仪态偶像奥黛丽·赫本一辈子活在优雅里，她的人生信条是：一个人无论有过怎样的遭遇，都不足以成为放弃爱与责任的理由。她曾说："不论别人做了什么，我们都要做到自己应该做的。"

这样的优雅需要内心真正拥有极强的承受能力，需要任何时候都能保持一种好状态、好仪态以及好心态。而一个内心没有爱和力量支持的人，就很容易失态、失言，自然就失去了优雅，也就不会有真正优雅的仪态。

优雅，来自爱与约束。

我从小生活在一个虽然贫困但规矩较多的家庭里，父母很注重生活中的细节，吃饭要有规矩，不能托着碗吃饭，也不能趴着吃饭，要端着碗吃饭。后来有一次去英国开课，我特意挤出时间学习英国西餐礼仪，我被英国人的礼仪细节所震撼。当时我就意识到，优雅体现在日常生活中，并没有被束之高阁，它应该是生活中习以为常的一种品质。

因为爱，所以才会有要求。想让自己更优雅、更有气质，就需要有内在的约束力。

很多人说站姿是一切仪态之首，站姿能展现素养。而真正拉开仪态差距的其实是坐姿，因为社交场合最常保持的仪态就是坐姿。不管在哪种场合，大部分时间，我们都是以坐姿示人的。

那些被认为体态欠佳的人，其实站姿照看起来都不差。而且站姿训练起来也不难，因为人在站立状态下都会下意识地进入紧绷状态，这种备战状态来自人原始的自然本能，即站立可以承接更多的运动状态，如战斗、奔跑、行走等。因此，想要维持一个良好的站姿还是比较容易的。换句话说，只要大脑有意识控制，站姿就不会太难看。

而优雅的坐姿是你的社交名片。在日常生活中稍不注意，坐姿就会很难看。为什么这么说呢？因为优雅的坐姿很难保持。在我们集中注意力的时候，我们能够注意自己的坐姿，可只要超过15分钟，身体的疲惫感就会让身体松懈下来，年纪越大，这种现象越明显。

而且"坐"本身就是一种肌肉用力较少的姿势，虽然没有躺那么舒适，但是在人的潜意识中，"坐"就已经进入了半休息的状态，大脑会促使人的神经逐渐松弛下来。因此，这时候要想保持好的仪态，就需要有意识地对身体进行控制。坐的时候上半身想保持优雅直立的状态，就要用对腰的力量。

课堂上，我们让很多学员坐的时候将腰挺直，因为坐下时塌腰会造成腰部脂肪堆积，也会对脊柱产生压迫。同时要注意腿和脚的摆放姿势，女性膝盖以上不能分开。

听起来很简单，可是很多女性朋友找不对发力点，过于刚直地昂首挺胸，如同上课时认真听讲的小学生。怎么做才能找到正确的发力点呢？首先要找到腰的位置，腰和后背是有明确区分的。如果你找不准自己的腰的位置，有一个简单的方法：摸到自己最底端的那条肋骨，然后手平行地向后背滑动，所在位置以下的区域，就是"腰"的部分了。

腰部在保持直立状态时，起到支撑作用的，是腰椎这一段的骨骼。换句话说，腰椎是保持坐姿挺拔的基础，如果它的状态是良好的，那么我们想要保持好的坐姿就不难。

如果你还是觉得很难，那就用一个最简单的方法：时刻让腹部保持紧绷感，使其一直处于发力状态，也就是时刻收腹。

生活中时时刻刻地收腹需要一直用意念控制着，不能有一刻松懈，这听起来有些难，但实施起来要比专门去做腹部运动简单得多。长期坚持下去，平坦坚实的小腹是很容易练出来的。利用合理的方式对抗疲倦，其实就是找到了保持良好坐姿的根本。

好的体态不是一天练成的，需要内在有充足的决心，更重要的是对自己要有约束力。在训练中，陈丽君老师的练习尤为认真，她在上我的旗袍课之前就很优秀。

她退休后，因为热爱文体活动，所以仍活跃在舞台秀场和评委席上。她多次荣获团体大奖，还先后在中国香港、深圳两地多家平台机构担任仪态指导老师。她喜欢我的课堂，因为她认为我的课程可以用科学的方式去训练她的体形；如果训练不科学，反而会损害身体健康。

她说她在跟着我练习的过程中，有两点认识：第一，要循序渐进地增加训练的强度，训练的量不要过头，要按照节奏一点一点地进行加量训练，并随着人体机能的变化而调整。

第二，要有自觉性。这也是我和大家一直强调的，不能三天打鱼两天晒网，得排除一切干扰，达到自己想要的最佳效果。

陈丽君老师一直跟着我练习，不断学习，也非常认可璞月创办平台的初心：让万千女性发现美、学习美，最终成为美。于是，她选择加入璞月，签约成为璞月联席创始人，同时她还是旗袍传承小美丽天团的一员。

根植于内心的修养，无须提醒的自觉，以约束为前提的自由，才是真正的优雅。

第三节　简单有效的 6 个变美小动作

很多人看到我，都会问我怎样才能让自己保持好身材，怎样才能让自己更轻盈舒展？

其实，如果你希望自己变得更迷人、更年轻，你需要做的是专注感受自己身体的声音。比如好好感受和身体友好相处、紧密连接的感觉。身体的觉知就是生命力的觉知。现在很多人的身体都是麻木的，他们僵硬的身体发出种种信号，可他们自己察觉不到。

无论你的身体属于哪种体形，它都是一台无比神奇的机器，能做很多很酷的事情。所以，学会照顾你的身体，是你能做的最重要的事情之一，健身、自律会成为你照顾身体的工具。

下面，我总结了这些年给我带来明显变化的变美生活习惯。当你坚持下来以后，就会发现，一些神奇美妙的事情开始发生，你的内心和外表都将发生转变，良好的自我感觉会影响你生命中其他的一切事物。

你，将比你想象中的更美好。

1. 四肢多拉伸

每天早上醒来我都会躺在床上，手和脚一起做"石头、剪子、布"的动作，对于手来说，"石头"是捏着拳头，"布"是手指张开，"剪子"就是剪刀手；对于脚来说，"石头"是脚绷直，"剪子"是两个脚趾翘起来，"布"是五个脚趾头分开。

这一套动作每天重复做50—100次，以锻炼四肢的微循环。我做这套微循环操已经有十几年了，所以我的腕关节、指关节甚至比年龄小我一二十岁的人的关节还要活络、柔软。

同时，我把肘关节、肩关节、颈椎的动作编进《我和我的祖国》的曲子里，这是一套拉伸操，能把四肢的动作都照顾到。很多50岁左右的人的腿脚容易抽筋，缺钙是一个原因，但还有个原因是他们缺乏四肢的锻炼，毕竟人老从腿脚开始。

2. 早起一杯温水

我清晨起床后会做一件小事，就是喝一杯温水，喝完后感觉整个人都被唤醒了。这个习惯，我坚持了好些年，所以我的肠胃特别好，从来没出现过问题，现在起床后不喝一杯温水都觉得不舒服。

3. 多揉腹部

1997年香港回归那一年，我家公在《老人报》上看到揉腹部对内脏有好处，就建议我们多揉腹部。所以我从那一年开始就养成揉腹部的习惯，空腹揉更有效果。自从我坚持揉腹以来，再也没被便秘所困扰。

甚至有一次我去做身体SPA（水疗），给我按摩的女孩子说："阿姨，您的肚子很软，我的很多客户在这个年龄段宿便很多，腹部都会发硬。"

这些年我一直在坚持空腹揉腹，早上起来揉肚子100下，一半顺时针，一半逆时针。

这个动作大家都可以尝试，尤其对便秘的人是最有效果的，好好坚持，身体一定会给你惊喜。

4. 脸部按摩

很多人觉得我的皮肤比较紧绷，没那么下垂，这是因为我经常早起做脸部操，脸部按摩可以促进气血循环，使脸的气色变好。具体该怎么做呢？仰天躺在床上，两只手从脸底往上推，推到眉毛处，再向太阳穴旁边推开，顺势往上推。我经常这样练习，几乎天天都做50—100次，所以虽然皱纹多，但是皮肤不下垂。

5. 保持一定的步行量

女性朋友容易胖有一个很重要的原因，那就是活动量比较少。在我看来，保持身材其实并没有特别的方法，总结起来就是四个字：少吃多动。

我会抓住一切机会来锻炼身体，比如在机场办完登机手续后，在前往登机口的路上有一段直直的水平电梯，大部分人为了节省体力都会去乘坐电梯，而我则会走着过去，以锻炼身体；有时下班后我也经常步行回家。

一定要运动起来，哪怕是晚饭后散散步也好。

6. 能站着就不坐着，能坐着就不躺着

久坐的坏处多，我一般能站着就不坐着，能坐着就不躺着。

因为每项习惯我都在坚持，所以我充分体验到了精力充沛和有稳定心态是什么感觉。怪不得人们经常说，女性在50岁以后会进入人生的第二春天，饮食、锻炼、睡眠是保持女性身体健康和活力的三件法宝。

变美也好，健身也好，情绪管理也好，这些习惯不是为了迎合别人对你的评论，而是为了过好自己的生活。我们对自己的身体负责，才能拥有丰盈的人生，活出最好的状态。

第四节　微笑，胜过颜值

　　90％的女性都被好看误导了，其实好看和气质相比是一文不值的。特别是30岁以后的女性，还拿好看作为标准，而忽视了养成自己独有的气质，特别可惜。

　　你再年轻、好看，也永远有比你更好看、更年轻的人。所以，女性过了30岁，拼的不是年轻，也不是好看，而是能否让人在你的气质面前流连忘返。气质和长相没有关系，有些女孩子长相一般，但是气质超级好；也有的女孩长得很好看，但气质平平。

　　我常跟学员们讲相由心生的观点，所谓面善，是说一个人的面相好。面相好的人，大部分是慈眉善目、笑容可掬的，给人以亲切感和安全感。面善，与美丑无关。一个人的样貌，就是她的心性。一个人发自内心地微笑的时候，心一定是慈悲的，脸上充满和善，越看越顺眼，所以感觉她很美。

有一种东西比我们的面貌更能展现我们的内心，那便是我们的微笑。微笑的力量是无形的，却能在心灵上给人震撼，让冰雪消融，让人如沐春风、心旷神怡。我的照片几乎都是带有笑容的，没有笑容的照片很少，很多学员也喜欢我的笑容。

有一次，我在课堂上让大家看看我今天有什么不同，她们一眼就看出来我那天没有画唇膏。我上嘴唇很薄，没有轮廓，唇线不分明，唇形不好就容易瘪嘴，但很少有人注意这一点。我一笑，嘴角往上一拉，就很自然。

大家都喜欢看我笑，因为我笑起来是发自内心的，不是皮笑肉不笑，不是嘴在笑而眼不笑、眉不笑，而是标准的眉开眼笑。

崔丽老师曾经是某大型房地产公司的高管，在抖音上看了我的照片后，觉得我的笑容直击心灵，很受触动，果断把干了20多年的房地产工作辞掉，来找我上导师班。虽然那时她都不知道导师班上什么课，但就是觉得我的生命状态走进了她的心里，笃定要来学习。

2019年，她在导师班学习的时候，走路有些顺拐，成绩是班上的倒数第二名，节奏和乐感也不是很好。可是她内心坚定，一直跟着我学习了5年，现在已经能独当一面，还能给学员们上课。而且她还学习了旗袍文化、场合穿着，她把这些融入生活中，现在无论在哪里出现，有她在的地方就是一道风景。

她的两个儿子都以她为荣，觉得妈妈活得很阳光，都说："妈妈你现在拍照片都是摄影大作呢！"她回到老家郑州以后，之前的老同事、老同学约她吃饭喝茶，看到她的样子，都很惊讶，赞叹她的一举一动都散发着卓尔不凡的优雅气质，如陈年佳酿般散发着迷人的醇香。

后来，我经常带崔丽老师在舞台上演出，她演着演着就投入心流状态：忘我，动情。崔丽老师从第一期导师班到现在已经跟着我学习15期了，我们一起去上课和演出，她从一个小白成长为现在的小美丽老师。她经常对我说我不是在教她几个套路，而是在用生命状态引领她成长。

她经常感谢我的引导，我对她说："你要感谢的其实是你自己，没有你的热爱和坚持，不会有今天的精彩；也要感谢你愿意让我来带你。铁打的营盘流水的兵，别人学完就走了，而你因为真正热爱旗袍文化而坚持了下来，这一点也激励了我。"

很多学员在课程结束后都舍不得走，流着泪抱着我和崔丽老师。有一次有200多名学员包围着我们，我们穿过人群往外走，当大门打开再慢慢关上的时候，大家集体抹眼泪，感谢我们的付出。

在传播美的路上，她还收获了爱情，她的老公比她大几岁，事业上很成功。她老公看了她以前的照片，打趣道："你要是像以前那样，我可能还真看不上你。"甚至她的婆家人都非常喜欢和敬重她，因为他们从崔丽老师的身上真正感受到了"外修形，内修心"的美。

吴菁老师也很喜欢我的笑容，她是某省级机关旗袍协会分会会长，经常策划各种大型文艺演出。

她曾说："美丽老师的笑容真有治愈感，举手投足都显得大气，美丽老师是我想要成为的人。我从小在上海长大，小时候就穿旗袍，旗袍对于别人来说是礼服，对于我来说则是日常着装。旗袍就像我生命中的一个后花园。上了美丽老师的课之后，我穿上旗袍，整个人的气质都提升了很多。

"为了更好地感受旗袍的美，我在家里装了一面镜子，在给学员上课之前会对着镜子好好练习。同时为了让学员能感受到旗袍内在的美，我也读了很多关于旗袍的书。

"如果你问我到底是旗袍吸引我，还是美丽老师吸引我，我会选择美丽老师，因为美丽老师的笑容很治愈。我是医生，日常工作很辛苦，压力很大。但我只要看到美丽老师的笑容，就觉得很轻松、很解压。"

对她来说，演绎旗袍的美就是她放松、品味生活的时刻。吴菁老师的工作非常繁忙，但依然会挤出时间来参加我的导师班课程。后来她成为旗袍协会会长，给盐城的学员们上课，带领更多学员活出自己的美好。

感谢所有喜欢我的人，微笑胜过颜值。

微笑会让你更加自信、更加幸福。当我走在舞台上，向周围的人传递笑容时，被我的笑容所感染到的人，也会微笑，而这些微笑又会传递给别人。微笑的力量是巨大的，它能承担起任何宏大的开场和收尾。

平时可以多练习，比如在平和的呼吸中，去想象一股微笑的能量在你的体内升起，从眼角到唇边，再到心口，让这微笑的能量遍布你的全身。

对着世界微笑，去体验这个微笑所带来的开阔感。让我们先把这份慈爱送给自己，好好地爱护自己，再去爱别人。

面相越来越好的人，一定经常微笑。有很多学员跟我说"老师我不会笑"，其实平时多练习微笑，多扬眉，把眉间打开，练着练着，你就会笑了。很多人爱皱眉，一皱眉似有千般苦、万般难在脸上，再好看也会逐渐变成苦大仇深的面相。

曾经有一位学员面部表情僵硬，她说："不是我不想笑，而是我笑起来比哭都难看。"她花了不少的钱，找了不少的名医，去了不少的医院，但都没有治疗好。她以前是学校的校长，还是英语老师，所以教学过程中多有不便。她内心的痛苦困扰了她10年，她的心门一直是关闭的。

自从她跟着我上课之后，就经常跟着我练习，因为课程的风格是风趣幽默的，大家经常笑得合不拢嘴，她也乐在其中。同时我的鼓励式教育让她得以看见自己的每一个进步。天天沉浸在这种被滋养、被爱浇灌的状态中，生命自然会慢慢开出花儿。

她上导师班的时候，曾写下一篇《彩虹的微笑》给我：

"很感谢我自强自信、打不垮的坚强性格，很庆幸我在退休后和形体仪态这门课结下了缘分，慢慢地找回了曾经的潇洒和骄傲，一点点地寻找回往日的笑容。

"彩虹的微笑第一个转折点出现在结识了亲爱的美丽老

师以后。老师的微笑吸引了我，鼓励了我，牵引着我一路到了广州。我在老师的课堂上时而眼含热泪，时而捧腹大笑，面部表情丰富多彩。最令我难忘的是，今年3月27日凌晨3点左右，我正睡在出租屋内，一种脸部苹果肌上跳的感觉让我莫名醒来，触摸着微微上扬的脸部，由于怕吵醒在身边刚睡下不久的××，我压抑着自己的激动心情，咬着嘴唇泪流满面。

"彩虹的微笑第二个转折点出现在这一期的导师班。美丽老师在课堂上教姐妹们微笑，我也试着笑起来了，是那种露出牙齿的笑。前两期导师班老师就注意到我笑不出来，而那天出乎意料的一笑让细心的老师捕捉到了，马上说了一句'董姐姐也开始笑了'。我表面上不动声色，实际心底里波涛汹涌。老师的鼓励给了我信心，课程后半段我也尽量保持着微笑。

"彩虹的微笑第三个转折点在最后的考试。《太湖美》补考结束后，雨露老师让我自己先总结一下，我激动地脱口而出：'老师我笑了。'严厉的雨露老师此时也温和地说：'你全程都在笑。'我知道我能正常笑了，不难看，可以拿得出手了！

"内心的感激之情难以用语言表达！只想说无论生活如

何待你，都请保持微笑。无论什么时候，都不要忘记微笑。你可以偶尔哭泣，但哭完之后，你一定要笑一笑。微笑的样子，才是你最美的样子。开心的时候，就笑吧；不开心的时候，等会儿再笑。只要你不忘记微笑，我相信，即使你跌倒了，也可以从容而优雅地站起来。神行千里，不忘师恩。彩虹的微笑会一直在！"

看到学员的反馈，我很庆幸自己在传播美的路上一直深耕；帮助学员欣赏美、追求美的过程，也是发现自我、突破自我的过程。

最后，分享泰戈尔的一首诗《用生命影响生命》，愿大家都能把自己活成一道光。

把自己活成一道光，
因为你不知道，
谁会借着你的光，
走出了黑暗。

请保持心中的善良，
因为你不知道，

谁会借着你的善良，

走出了绝望。

请保持你心中的信仰，

因为你不知道，

谁会借着你的信仰，

走出了迷茫。

请相信自己的力量，

因为你不知道，

谁会因为相信你，

开始相信了自己……

愿我们每个人都能活成一道光，

绽放着所有的美好！

第五节　气质源于长期生活的状态

　　生活中很多人都是因为生活的琐碎，扭曲了本来的样子。最典型的是家庭生活的琐碎，让亲子关系相处困难，夫妻感情荡然无存，互相指责对方，日子过得一地鸡毛。

　　环境会扭曲一个人的心态，越是艰难的环境，这种表现越突出。曾经有个学员一直身体不好，有一段时间因为一个机缘巧合，她来到我们这里上课。课后，她发现自己慢慢喜欢上了旗袍，也会在公园里带着一帮姐妹们去跳舞，还会带着孩子们走秀。

　　每次我去上课，她都会请我吃饭。过了一年半载，她又请我吃饭，那时她才告诉我生病的事情，她说第一次来我们这上课的时候，心情很低落，那时她从医院里刚刚出来，衣服兜里揣着医院的检验报告，医生说她的指标已经表明她患癌症了。

自从上了我的课以后，她的心态变了，笑容也多了起来，因为她在课上总是被鼓励，慢慢开始有了自信。有一天，她告诉我一个好消息，她说："今天我请您吃饭，我的检验报告显示一切正常了。"我听到她的好消息，内心感慨万千，告诉她以后有什么困惑，可以随时和我说。

某些不好的生活方式、生命状态，在不得已的时候，可以暂时身处其中。但是，绝不可以长期身处其中，更不可以一辈子身处其中。

很多女性的生活状态不对，导致生命状态不对，精神状态不对，最后气质跟着也不对了。女人千万不能过琐碎的生活，为什么呢？生活越琐碎，气质越猥琐。

有的人从言语到行为、从思想到气质，都体现出一个"小"字。如果能够调整自己，打开格局，成为心地厚实、乐意付出的人，这样的人从里到外都体现出一个"大"字，有大德才能有大美。

生活方式很重要，我们要好好经营自己的生活，这样气质才能够慢慢沉淀出来。具体该怎么做呢？

1. 尽量从事自己热爱的事业，不要用一种很细碎的方式去谋生赚钱

因为靠辛苦挣来的钱，一般很难大大方方地花出去，你很可能会成为一个小气且吝啬的人。

所以孟子说"术不可不慎"——这个"术"指的就是技术，也就是人的职业和生活方式——意思是选择谋生之术不可不谨慎。

当然，形势比人强，生活的墙壁比人硬，如果你正在以一种很细碎的赚钱方式来养活自己，那么要尽快走出这个阶段，不要在这个阶段沉浸得太久，否则会在你的个性气质上留下印记，形成创伤，你的性格也会被扭曲。

2. 不要太计较

那些锱铢必较的人，付出的时候往往也会一毛不拔。而人一旦计较了，气质就坏了。

现在城市里有很多旗袍队、旗袍艺术团、旗袍协会，名目繁多，甚至一些县城里也有好几个旗袍队。有一次，我应县城里旗袍队主办方的邀请去授课，在交流的时候，主办方中有人说："老师，您在我们县城，就给我们上课，

您就不要去别的旗袍队那上课了。"

我笑了笑，跟她说："你觉得这样做，对吗？"她生气地说："她们老来我们这里挖人，前几天又走了几个呢！"

我说："亲爱的，你在教这一帮姐妹学习美，学旗袍仪态，可你没有理解透，这样会走歪的。'美'字包含着很多的含义，可以是环境美、建筑美、衣着美、化妆美、发型美，身穿旗袍的美，这些都是体现出来的美。真正的美，是由内而外的美，外修形，内修心，你现在只讲究外修形，没有做到内修心啊！内修心要去包容、去理解、去换位思考、去接纳一切。你不要想着挖人不挖人，和其他旗袍队拼得你死我活的，不可以这样。以后这个人让别的旗袍队挖过去了，你就跟她说没问题，你到那里也是玩，在我这里也是玩，你好好玩。你什么时候想回来了，这个大门永远为你开着。你既不给学员发工资，又不给学员发房子，凭什么非要人家跟着你？你要用你的课堂品质、人格魅力去吸引学员，你要给的是快乐的氛围和追求美的环境，这样大家才能越玩越美，你赶都赶不走。"

她说："老师说得对，我不应该去骂她，她走了也就走了嘛。"后来主办方和我的关系处得越来越好，她儿子、她妈妈都很喜欢我，她自己也不断地跟我反馈她如何去内修自己，过了一段时间，她跟我说她带着团队去敬老院看望老人了；又过了一段时间，她跟我说她们和县里电视台合作了，后来发展也越来越好。

人生在世总有得失，你大大咧咧会有得失，你小心翼翼也会有得失，你豁达大度会有得失，你算来算去还是会有得失。你明白了这一点，就不会整天患得患失，把自己的聪明才智浪费在琐碎的事情上，这是典型的缺乏智慧。

整天计算得失，才是人生最大的失。

3. 通过学习不断改变自己，见贤思齐，三省吾身

生活是具体的，会逐渐塑造一个人。不同的生活，不同的工作性质，会改变一个人的性格和气质。

我从以前充当家庭主妇到现在给数以万计的女性教授课程，也是靠一路不断学习和改变自己走过来的。我们可以做的，是不断地发挥主观能动性，通过学习不断提高自己的认知，从一点一滴改变微习惯开始。

撒切尔夫人曾说过："注意你的想法，因为它能决定你的言辞和行动；注意你的言辞和行动，因为它能影响你的行为；注意你的行为，因为它能变成你的习惯；注意你的

习惯，因为它能塑造你的性格；注意你的性格，因为它能决定你的命运。"

气质源于长期生活的状态，所以，不可使一时之计，成为一生之态。保持一种生活的状态，就是保有一种生命的状态；保有何种精神的状态，就是保有何种气质。

05

CHAPTER

>>>>>

第 五 章

大道至简，大美无言

dadao

zhijian

damei wuyan

第一节　年纪大了也阻止不了学习的步伐

在智能手机刚刚普及的时候，60岁以上的很多老年人都遇到了一个难题——不会用手机打字。

随着时代的发展，类似的问题层出不穷。无论是在车站买车票，还是在医院挂号等，不难发现，排队的总是那些不会操作智能手机的老年人。

现实就是这么残酷，停止学习、心智停顿、技能退化等都是个人的问题，时代不需要征得你的同意，也不会跟你商量，更不会因为任何人的不接受而停止发展的脚步。那些停止终身学习的人，等待他们的只能是被时代抛弃。这话听起来非常扎心，却是再现实不过的真相。

这么多年来我之所以持续学习，不断折腾，就是因为我知道只有不断成长才有可能改变人生。

那些能秉持着长期主义且好看的人一直都是我学习的标杆，比如吴彦姝85岁，她出演了近30部电视剧、电影，且依旧日日磨炼自己，背台词、学英语、打篮球，能平板支撑、劈叉，随时准备进剧组，年纪愈长愈活跃。她不一样的活法让我惊叹，她用自己生命的厚度诠释了女人的心态就是女人的年龄。

我也欣赏获得奥斯卡的华裔女演员杨紫琼，她被美国《时代》周刊评选为2022年的"年度偶像"，在奥斯卡颁奖典礼上，杨紫琼手捧奖杯说："希望所有女性，不要听信任何人说你早就过了你的黄金期，绝对不要放弃！"

每一位热爱生活的女性，都应该始终对这个世界充满好奇心，不断去满足自己的求知欲，用时间的长度来感受内心的路，这应该是一件很美妙的事情。

我是这么做的，我也鼓励我的学员这么做。陈幼萍老师退休之前是公务员，在单位工作认真细致又负责，尊老爱幼，团结同志，受到单位领导和同事们的高度认可。后来退休了，有一次上了我的课，她说我的笑容和神态深深地打动了她，从那时起，她下定决心一定要提升自己，把学到的美分享给身边的人。

可那时候，她因为年纪大了，记不住学习内容，有时练着练着就哭了。她说："旗袍文化好是好，但是我记不住，知识点学了前面的就忘了后面的，记住后面的就忘记前面的。"

她上我们的导师班，想成为老师就必须通过最后的考核，导师班的通过率极低，20个人只能通过三四个。

而她一开始是想放弃考试的，后来看到身边人都用心努力学习，觉得自己也不能掉队，一定要学会，不能辜负当时自己学习的初心。所以她在书上做了各种标记，白天学习，晚上复习，考试的前几天晚上背知识点背到凌晨4点。

晚上同住的小姐妹睡了，她怕吵醒小姐妹，就一个人到卫生间里去背知识点，边背边鼓励自己："一定要背出来，一定要通过考试，别人能通过考试，我也可以。我一定要努力，一定要努力。"

陈幼萍老师清晰地记得有些内容本来是第二天考的，也就是2021年5月30日，但因为新冠肺炎疫情，考试推迟

了。那年的10月1日她又到广州上导师班，10月份考的内容更多，要考5月份一阶段和10月份二阶段的内容，大家都很担心她考不过，因为要记的内容太多了，但是她很有信心地对大家说："没关系，我记得住。"结果真的如她所说，陈幼萍老师所有的考核全部一次性通过，她背后付出了多少努力可想而知。

看到她的热爱和付出，她的妈妈、老公、儿子及儿媳妇都非常支持她从事传播旗袍文化的事业，当她2022年8月成为小美丽天团老师时，就跟随其他老师在全国各地给学员们上课，她说："不管70岁、80岁还是90岁，只要我身体健康，我一定会站在老师的岗位上，成为美，传播美。"

在我的身边，像她这样持续学习的老师还有很多，她们虽然是奶奶辈的年纪，但对自己的要求从来没有放松过。唯有终身学习，才能让自己从容应对时代的变化和不确定性。终身学习，是一个人最大的核心竞争力，也是抵御年龄危机最好的利器。

年龄带给你的，不仅是焦虑，更是勇气；学习带给你的，不仅是智慧，更是成长。我们不能选择自己的出身，却有机会去选择自己想要的人生。而终身学习是改变自己命运的唯一途径。人不能抵御年龄的增长，但却可以不让年龄成为自己的限制。那些停止学习的人会逐渐被时代淘汰，而终身学习的人一直在为自己创造改变命运的机会。

第二节　你的自律，终将美好

人与人之间的区别，就在于对自己是否有要求。

如果你要放弃，可以找出一万个不上进的理由。但如果你想要坚持，有时只需要一个初心就足够了。在自律这件事上，真正难住你的不是外在的困难，而是内在的毅力和决心。

没有任何人和任何事，可以阻止一个人变成更好的自己，除非是他自己的选择或决定。我们以为自律是一劳永逸的事，后来才发现自律是必须落实到每天要去做的事。

就如我们以为停在原地，就可以舒舒服服地偷会儿懒，可停止的结果不是止步不前，而是往后倒退，因为周围的环境在一刻不停地变化和向前发展。

也许你第一天做到了自律，这一天就可以保持一个较好的状态。但如果第二天变得懒散和懈怠，就会恢复到糟糕的状态。其实自律就像一日三餐一样，你不可能吃了一顿饭，就能保证这一天不饿。你不可能在一次自律中，就让未来每一天的自己都持续不断地成长和提升。

生活中的很多方面都需要自律，越是小习惯，我越会去注意。

哪些小习惯我一直在坚持呢？

1. 节约

有时我会受课程主办方邀请一起去吃饭，每次我都会提醒他们千万别多点菜，要响应国家号召，践行光盘行动。有些地区的主办方太热情，一不小心就会点一桌子菜，吃不完的又不肯打包，剩下很多的菜很是可惜。

我向来主张不浪费粮食，要知道现在世界上的一些地方还存在粮食短缺的问题，所以每次我们尽量"光盘"。

2. 守时

我会守时，很少迟到，无论是上课，还是拍广告、影视剧，哪怕约会、喝个茶，说好9点30分到，我很少9点31分到。

守时是对一个人的尊重，鲁迅先生有句名言，至今仍被我奉为经典："生命是以时间为单位的，浪费别人的时间等于谋财害命；浪费自己的时间，等于慢性自杀。"

时间，对于每个成年人来说都是一种稀缺资源。守时，是一种品质，是一种能力，更是一种生活方式。时间悄无声息，但它却在背后影响着我们的生活，调节着我们与别人、与自己的关系。时间不是生活的答案，生活的答案却都藏在时间里。我们怎么利用自己的时间，就有怎样的生活。

守得住时间的人，能调节好生活的节奏，过上惬意的生活。我经常跟学员说人有多守时，就有多靠谱。

3. 时刻觉知自己的体态

我喜欢穿旗袍，旗袍本身就是一个提醒的标志，时刻提醒着我们要觉知自己的体态。我的学员章丽芳老师以前是上市企业的大股东，本着对旗袍的热爱，跟我一起传承旗袍文化。她参加过很多大型活动，拿过很多奖，比如

2018年4月在马来西亚获"国际女皇争霸赛最佳形象奖"，2018年6月获国际旗袍女神邀请赛至尊组冠军。后来跟着我学习后，她时刻关注自己的仪态，不管是在社交场合还是独处，都会保持优雅的仪态。

任何场合，她的坐姿都很优雅，在家也是一样。步态和站姿就不用讲了，一袭旗袍，袅娜娉婷，仿佛从烟雨朦胧的岁月里走来，惊艳、温柔、仪态万方。坐姿不好保持，不可能一个动作始终如一，时间长了，她也会站起来缓解一下疲劳，可坐下来还是会保持端庄的仪态。

她为了穿好旗袍，吃东西很自律，比如早上喝一杯牛奶，吃一块蛋糕；午饭好吃的菜就吃两口尝一下，再怎么好吃，她最多只吃三口，米饭更是吃得不多。有时候嘴馋了，也会吃些零食。晚餐因为陪老公吃，所以她会稍微多吃一些。

就这样，她自然而然地瘦了下去。以前的旗袍穿起来反而大了一号，要全部更换尺码。对她来说，旗袍不仅是上舞台时所穿的服装，更是她日常生活的着装。在家的时候她也会穿着旗袍去泡茶，感受自己一下午和一壶茶待在一起的心境。

穿上旗袍除了能显得更优雅，同时也能让她觉知自己，约束自己。现在她已经成为旗袍形神雅韵文化传承老师，更是学员们的榜样。

4.知道有所不为

只要你想学，生活中处处是课堂。就连我坐地铁，我都会揣摩人在地铁上坐着时的状态，思考对方大概从事什么职业，习惯做什么动作。当然，我也会碰到一些不优雅的人，比如高声喧哗的人。

曾经在路上见到一个女的，她比我走得快，走到了我前面。我看她拎的包、穿的衣服都是很高级的，但是走路姿势不够优雅，我好想走上去跟她说："哎，你来上上我的课。"后来想想算了，硬把话给压回去不说了。

知道有所为，并不是成熟的标志；知道有所不为，才是一种从外而内的自省和自知。

雨露老师退休之前是一位某主流媒体的媒体人，在单位里是一线技术管理的佼佼者，同时也是工会主席，工作认真严谨，深受领导的赞赏和同事们的喜爱。她从小就喜欢文艺，之所以后来跟着我们一路去学习，并成为小美丽老师，是因为她想在退休以后做些有意义的事：去传播更多正能量的美、旗袍文化的美，分享美好的事物给身边的朋友们。

五一劳动节那天，我们应江苏省宿迁市主办方的邀请在酒店户外做了一场时装周活动，活动方式是现场直播，从早上九点开始，一直到下午的五点半。因为在户外没有什么遮阴的地方，又是5月上旬，外面很晒，大家都撑起了伞。

我没有打伞，就在太阳底下参加直播活动。雨露老师心疼地对我说："老师打把伞吧，这样会晒伤皮肤的。"我说："如果打伞，直播间里的大家就看不见户外的一些场景，而只会看到背景是一把把大伞，因为是时装走秀，那样的背景会影响整个活动的画面效果。我们也尽量少喝水，以免因上厕所导致离场时间过长。我们是被邀嘉宾，要多为主办方考虑。"

值得欣慰的是，我这样说之后，雨露老师就带着其他小美丽老师们收起了太阳伞，用行动去感化其他参与人员。那天的确很热，一群五六十岁的旗袍仪态老师在太阳底下坚持了8个多小时，活动结束之后很多人的皮肤都被晒伤了，我很心疼，但同时也为旗袍仪态老师们的这种职业态度而感到骄傲。

雨露老师从第五期旗袍传承导师班毕业后，就一直跟着我到全国各地奔走讲课，赢得了学员们的认可，我也感觉非常有成就感。

　　雨露老师的先生特别支持她，每次我们出行去讲课期间，都能听到她老公的电话问候，还相互沟通课堂的氛围，家庭和睦也是我为她自豪的地方。我和雨露老师虽然是师徒关系，但我们二人相处得如同姐妹，亦师亦友，因此我们经常一起研讨、一起分析，在她身上我学到了很多。

　　美，不能只是嘴上说说，而是要真真切切落实到生活的细节里。要想传播美，就不能仅在课堂上教几个动作，在生活中也要去觉察美、实践美。

　　内在的节制与自律，是一种看不见的竞争力。无论是在工作还是生活上，你会从内而外散发出一种自信和从容。不炫耀，不张扬，却是生命的厚重所在。

　　它和我们心里的美遥相呼应，构成了生命里最绚烂的美。这种美，是那种即便你遇上人生最不幸的遭遇，也可以从泥潭里生出莲花的希望。具备了这种自律性和节制力的人生，就进入了庄子所说的"天地有大美而不言"的境界。身处在这样的境界里，你就可以体会到真正的自由，这大概就是所谓的"随心所欲"了。

第三节　以美入道，不要给自己设限

　　有很多的心理测试、性格测试、星座测试都会向我们传递"你属于什么性格，有什么样的天赋，什么能力比较强"，很多人看到测试结果，就会对号入座。

　　但是越相信这些测试结果，离更多的可能性越远。《幸福的三个真相》这本书说："你今天建立的自我保护之墙，明天将会成为自我囚禁之墙。"

　　我们跟那些得道高人的差别在哪里？我们的处事方式就好像固定在容器里一样，很难改变，但是得道高人的处事方式更像水一样，水是没有固定形态的。

　　所以，不要给自己设限，而是要大胆地去尝试，甚至做一些和你固定处事方式相反的事情，说不定会有更大收获。《庄子》里有一个小故事，说的是鲁国的贤士颜阖，到卫国担任太子的专职老师。但是由于太子实在过于残暴，而且不听劝导，所以颜阖对此非常忧虑，也非常苦恼。他一方面不想跟对方同流合污，背负骂名；另一方面又害怕触怒对方，引来杀身之祸。

于是他就去请教一个叫蘧伯玉的世外高人，向对方询问应对之策。到了那里之后，蘧伯玉告诉他："遇到像卫国太子这样的人，世人一般都会不知所措。但是我要告诉你，碰到这样的事情，你首先得放弃自己所坚持的立场，而且还要向对方表示顺从。因为只有这样你才有机会走进对方的世界，让他愿意听你说的话。在这个基础上，你就可以慢慢顺着对方的脾气、秉性进行疏导，潜移默化，在不知不觉中将其引入正轨。"

这就是一种达到心境贯通的状态，一个人想要引导对方的时候，其实最重要的并不是言语上的规劝和行为上的规范，而是心境上的平衡与交流。

简单来理解，就是对方如果是放荡不羁的样子，你也跟他放荡不羁，顺而化之。我们经常说以美入道，这其中的道就像水一样，水利万物而不争，所以不要拘泥于自己

的状态、年纪、能力，要去感受美、接纳美、成为美。

梁萍老师年轻时曾是一名专业的篮球运动员，退休前在金融行业工作，工作期间常常参加市级及深港两地篮球、田径比赛，还曾获得过田径百米冠军、三项全能冠军等。

刚从职场上退下来，一时感到非常迷茫。后来得知老年大学有很多有趣的课程可供选择，她走进了当地的老年大学，参加了模特、舞蹈的课程学习，人生第一次接触到文艺活动。和以往竞争激烈的体育运动不同，她深深喜欢上了这种能带来美感的课程，从此专注于模特的学习进修，从初级班、中级班到研修班，一步一个脚印地努力学习，不断蜕变，她的气质也变得越来越优雅从容。

她暗暗地给自己定下目标，那就是用5年时间，在60岁前，在向美学习的路上必须学有所成，并乐在其中，这是她最想达到的状态。这样的心态让她获誉满满，不仅得到了各种权威认证，比赛中也多次摘得桂冠。一次偶然的机会，她在一个企业年会上认识了我，通过交流，她深深感受到旗袍的雅韵和风骨。2021年8月，她毫不犹豫地报名参加了我的形神雅韵旗袍传承导师班，立志终生追随学习。

她喜欢旗袍所展现的东方雅韵。旗袍内敛、含蓄、温柔，却又高贵、华丽、飘逸。旗袍样式不张扬，却能够于无声处透出绝色风情；旗袍不暴露，却自有一种掩饰不住的美。

自从她进入了旗袍仪态这个全新的领域，身边不理解的声音有很多，但是梁萍老师就是想要去尝试感受东方雅韵的美。这两三年来，她一直跟随着我学习，不是在学习的课堂上，就是在学习的路上。像梁萍这样的老师还有很多很多，内心都特别渴望改变自己，所以我也教得格外细致，除了讲创编的作品外，相关知识也全部教到位。

因为我对学员们的要求是，不仅要学会，更要学到位，把动作做到位。学员时时刻刻觉察自己的手势、脸的朝向、表情、节奏，这才是真正和旗袍的美相融合，刚柔并济。要感受到旗袍的韵味，就要把动作、表情卡在音乐节点上，任何形式的表演都要求音律要精准表达，等到这些全部掌握得炉火纯青以后，再用心感受旗袍的韵味，才能真正做到以美入道。

"以美入道"重要的是道。美虽然重要，但是美其实是通道，你只有入道，才有美的巅峰体验。道是什么？道就是当你在享受那个过程的时候，结果自然呈现，仪态只不过是一个附属，重要的是你对美的感受。很多学员有时看着我在演绎旗袍和教学时被触动，自然地沉浸在音乐、情调和韵味中感受美，想要成为美。

梁萍老师把自己沉浸在旗袍的形神雅韵的练习里，越来越能感受到生命能量的不断涌现。后来，她加入了小美丽天团，这是她梦寐以求的愿望，因为小美丽天团是国内众多旗袍爱好者榜样力量聚集的团队，如今她带领着一群热爱旗袍、爱美的姐妹们一起在学习和传播旗袍美学的路上前进。她还参加了广东电视台面试，很荣幸地被选为省电视台"粤港澳旗袍文化宣传大使"。她希望能一直健康、优雅、美丽，也希望把这样的美带给更多的人。

梁萍老师的成长带给我很多的感触，她从一个运动员到金融工作者，再到旗袍美学传播者，性格从刚到柔，生命越来越绽放，她也找到了自己的"道"。

入"道"，"道"最重要，"道"时刻蕴含在喜悦状态里，蕴含在创造力的源头。

不用刻意去追求风口，而是要找到自己的优势和天赋，每个人都有独特的天赋，都可以创造属于自己的成功。我们每个人都可以找到自己的"道"，我可以，梁萍老师可以，你也可以。

第四节　这些小道理，希望你早点知道

1. 真诚最重要

有一次，我去坐地铁，地铁上人比较多，大家都挤着进去，我前面有两个40岁左右的男人，前面的人踩了后面人的脚，于是就吵起来了，两个人互不相让，地铁开了一两站后，他们还在吵，眼看着要打起来了。

我不能让这势头继续发展下去，便去劝架了。当时我没有想他们会不会听劝，也没有想如果拉开他们会不会被他们伤到，就开始劝了，我把一个人拉到一边，将两个人分开，可那个人刚拉好，这个又回来骂，我对开骂的人说："你听我一句好不好？你在这里别动，你不出声没人当你是哑巴，没人当你是错的。"

虽然我和他不认识，但他也感觉到了我的善意，便不出声了。随后我去拉另外一个，带着他走了两节车厢，终于把这两个人拉开了。过了几站，我到站下车了，刚才吵架的男人也跟着出来，跑到我面前说："阿姨，谢谢你啊！"

我说："不用谢。不知道是他踩你，还是你踩他，他踩你，地铁人流量大，免不了的；若是你踩他，你就说声对不起。你们要是打起来，打伤了谁给你出医药费、误工费？"

他说："是的是的，阿姨，我以后注意。"我说："以后不要吵，你不出声，车上其他人反而觉得你是对的，觉得你是有素质的人。你要是能说声对不起，就更有素质了。"

真诚虽然不是武器，但它可以扫清一切困难和障碍，无坚不摧。看起来简简单单的两个字，其力量却是无与伦比的。真诚能打动人心，它向来是人与人交往的第一法则，对他人坦诚相待，往往更容易赢得对方的理解。

很多时候，我们并不需要刻意做什么，真诚即可。

2. 要学会知足

我们即使有十分福气，也最好只享受三分，要懂得惜福。一粥一饭，一丝一缕都要爱惜。物质富足的年代，爱惜不是吝啬，而是知足。

知足者富，一个人学会知足，才能拥有生活的幸福和乐趣，不要总是渴求自己不曾拥有的，却忽略了自己握在手里的。幸福是一种淡然知足的心态，珍惜自己手里的福气，人生才能真正从心底感受到幸福。

我小时候家里穷，不要说吃饱饭，连野菜都没得吃。十七八岁的时候，我妈还给我熬了一杯猪油。猪油一杯，酱油一瓶，一碗猪油拌饭（上面淋酱油）就是那时候最大的幸福。

我没有大别墅，住的是40多平方米的房子；我没有车，近的距离骑单车，远的距离就乘地铁、高铁、飞机。我从来不会觉得低人一等，知足常乐是我的人生态度。

梁秋实曾说："如愿便是满足，满足即是幸福。"

当一个人感到知足时，身不疲，心不烦，既拥有了难得的幸福，也拥有了富足的人生。

明朝有个人叫胡九韶，他的家境非常贫困，只能一边教书一边耕作，才能勉强解决温饱问题。每天，他都会上香求菩萨保佑，赐给他一天的清福，他的妻子却笑他说："三餐都吃菜粥，哪来的清福啊？"胡九韶却摇头说："你我生在太平盛世，没有战争兵祸；每天有饭吃，有衣服穿，不挨冻受饿；家中无人生病，没有在狱中作囚犯的家里人，这不是清福又是什么呢？"

最幸福的人，就是知足之人。家，不比贫富，温馨就好；钱，不比多少，够用就好；房，不比大小，舒心就好；友，不比多少，懂你就好。

很多年轻人在不断地追赶目标，焦虑、迷茫，活在恐惧里面。其实生命短暂，所谓的荣华富贵犹如过眼云烟，努力过好平凡生活中的每一天，懂得知足常乐，就能拥有如意的人生。人生如过客，岁月催人老。时间，不一定会证明什么，但一定会让我们认清很多东西，看透很多事情，懂得知足，也收获幸福。

3. 在热爱里生活，在热爱里成长

徐建莉老师认识我之前是国家一级演员，也是中国戏曲家协会会员，在省级剧团里表现得出类拔萃，曾多次在戏剧表演中获得大奖，后来退休了，想要做自己喜欢的事情：演绎旗袍之美。她的艺术标准比较高。有一次，她在抖音上看到我演绎旗袍的美，就直接报名学习课程，一个人来义乌上课。她曾说："美丽老师一出场就把我给镇住

了，感觉太大气了，我感觉我要找的就是这样的老师。"

她开始跟着我学习旗袍文化和旗袍仪态，她以前是专业越剧演员，所以在旗袍优雅仪态这方面学得要比别人快。因为喜欢我的课，加上不断练习，她很快就上到导师班的课，体重也从刚开始的61公斤降到了现在的54.5公斤。以前穿旗袍穿3XL的码数，现在可以直接穿L码的旗袍。

在学习期间，徐建莉老师觉得改变最大的是她的心态。她以前不怎么爱笑，因为省级剧团的工作压力很大，她不仅是越剧演员，在退休前还是芳华越剧团的业务团长，负责剧团的业务工作，工作繁忙、事情琐碎让她时常眉头紧锁。

面对事业和家庭，她不断协调着前行，直到后来，她觉得前半生全部奉献给事业和家庭，退休之后想要活出自己，做自己喜欢的事情，就选择了提前退休。而现在徐建莉老师活在自己的热爱里，在课堂上闪闪发光。心情好，眉头自然会舒展开，笑容也自然多了起来。

艺术是相通的，我们之间经常互相学习，彼此支持，彼此滋养。在艺术戏曲方面她比我专业，我很欣赏她在戏曲上的造诣，越剧里她唱的是老生，在舞台上很有感染力，而她也喜欢我在旗袍仪态上的演绎。所以，我们会经常相互配合舞台演出，比如我们的一些演出会包含越剧或者黄梅戏的内容，我和徐建莉老师配合得非常默契。

我们有时会一起出差。我每次入住酒店喝完矿泉水，瓶子不会扔到垃圾桶里，而是都整齐地放在角落，她感到不解。我和她说这是因为垃圾桶里经常有剩饭剩菜或者是一些茶水，服务员从垃圾桶里拿瓶子会弄脏手，所以把瓶子单独放，这样服务员收瓶子时会很方便，可以更好地回收利用。

她听完觉得我这个举动非常贴心，之后经常分享这样的小故事给身边的学员，让学员关注生活中的小细节，不断在生活里修行，热爱美、感受美、传播美。她在传播美的事业上发展得越来越深入，不仅给很多老年大学授课，还会给文化馆、社区、旗袍协会授课，同时也会教授一些戏曲课。

徐建莉老师在热爱里学习，在热爱里成长，不仅提升了快乐感和满足感，促进了心理健康和身体健康，还找到了清晰的人生意义和目标，培养了自己的性格和品德，更和身边的朋友们建立了高质量且广泛的亲密关系，这样的生活是蓬勃向上的。

4. 对抗焦虑的最好办法，是做好眼前的事

有一次，不知道吃了什么，我过敏了，脸上、身上起红疹，很痒。这样脸上就不能化妆了，可接下来两三天都有课。我身边的助理老师都很担心我，甚至劝我不要去上课了。

虽然我的全身和脸上都痒得不行，可想到主办方徐建莉老师组织一场活动不容易，当时有一百多名学员要上课，如果不去的话大家会很失望，也会让她很为难。

于是那一次我就没有化妆去上课，她看到我脸上因过敏起了很多红疹很震惊，也很心疼。上课的过程很艰难，因为痒的时候不能用指甲去抓，只能用指腹去按一按。徐建莉老师看到我这样坚持讲完课程，心疼得眼泪直流，觉得我这么注重形象的人，还在脸上过敏的情况下讲完课程，深受感动。

其实，与其焦虑怎么办，不如一步一步解决好眼前的问题，也许焦虑会在行动中一点点消失。

《秘密》里写过："就像雨天开夜路，车灯只能照到前方50米的路，但只要看清这50米，专注开好车，就能顺利开到目的地。"

不管发生什么，都不如先把今天过好，先把手头的事做好。

5. 勇敢是世界上最厉害的魔法

潘晓老师是江苏宿迁人，刚开始和两个朋友一起报名我的导师班，后来那两个朋友打退堂鼓了，只剩下她一个人报名。那次的导师班在广州上课，潘晓老师之前很少出远门，这次要跑那么远，她还是有些害怕的。

但是心中的那股渴望，让她坚定了来参加课程的决心，于是她说服妹妹陪她一起到广州上课。因为害怕坐飞机，两个人开车行驶70公里后，又坐了10小时40分钟的高铁。当时是新冠肺炎疫情高峰时期，她们在高铁上戴着双层口罩；为了不上厕所，两个人10多个小时不吃不喝，跨越1700多公里，终于来到了广州。

她虽然很害怕，但依然选择勇敢面对。真正的勇敢不是什么事都不害怕，而是就算害怕也要去做，用苏东坡的话说，就叫"大勇若怯"。有的事看起来真的很难，或者需要付出很大的代价，但是该做的她一定会去做，后来在导师班的考核中，她一次性通过，成绩非常优秀，所有的付出和辛苦都是值得的。

所有姑娘都勇敢一点吧，当你拥有勇敢这个品质的时候，就可以面对人生的一切未知和无常。祝你无论何时都能够拥有勇敢向前的力量。

　　以上这些人生的小道理，越早知道，越能早点过上自己喜欢的生活。

第五节　人生永远没有太晚的开始

　　我的优雅仪态偶像卡门·戴尔·奥利菲斯，出身平凡，74岁痛失爱人，还被好友骗到破产，终生病痛，却随年岁渐长愈加光彩照人，耄耋之年精气神更胜从前，86岁依然能重回T型台，92岁依然艳压群芳。

　　摩西奶奶，出生于纽约的一座农场，她27岁嫁人，从此家务、农活等琐事几乎占据了她整个生活。直到她76岁因关节炎不能再从事农活，于是她拿起画笔画画，80岁首次举办个人画展。25年的艺术生涯，留下1600多幅作品，成为多产的原始派画家之一。

　　我在最好的年华做了17年的家庭主妇，退休后才开始大量学习提升自己，参加比赛，被人尊称为"旗袍皇后"。后来去英国学习西餐礼仪，和美国、英国的侨联做文化交流，成为很多国际赛事的评委，学员数以万计，在传播美的路上越走越远。

人生什么时候都可以从头开始，不要给自己找借口。很多人都会想"等我有了钱，就会怎样怎样"，结果因为没有钱就一直拖延了下去。你会发现所有的事都是越做越简单，越想越困难，越拖越想放弃。

杨绛说过："如果你的前半生一塌糊涂，那后半生一定要重新洗牌，找回最初的自己。"不要怕，钱没了可以再挣，婚没了可以再结，朋友没了可以再交，什么都不缺，缺的就是一份重新开始的勇气。

张文英老师在跟我学习之前，是一位女企业家，17岁就开始做生意，事业上取得了很大的成绩，可是因为要管理300多人的团队，每天板着脸，很少笑，说话速度很快，脾气也很暴躁，对家人的关心少。她觉得自己的性格像男人婆一样，非常强势。她大儿子结婚那一天，大儿子才叫了一声"妈妈"，她突然感觉自己作为一个女人失去了很多，心里空空的，特别难受。

她结识我以后一直跟着我学习，5年时间不离不弃，变化最明显的是她的体重，从72.5公斤慢慢减到了65公斤，现在是55公斤左右。更重要的是她的性格变得柔软了起来，不像以前那么急躁了，她回到家里，她老公也感觉她像是变了一个人，很支持她从事传播美的事业，她感受到了在家庭里自己作为一个女人的存在感。

不过一开始她是很难为情的，在学习旗袍仪态的路上，她是一个小白，身体非常硬，手腕都翻转不过来，站一会儿就累，根本站不了一小时。身体也不协调，别人甩手是前后甩，她是两只手一起甩，突破这一关对她来说真的很不容易。她第一次去广州的时候，很想退缩，觉得自己坚持不下去，不可能进入导师班，而现在经过练习，她已经可以轻松地站立3小时以上，并且在舞台上尽显端庄大气、中正之美的风范。

她后来跟我说："我是个强势的女人，可跟您学习时我是班上最差的学员，心理压力很大，觉得自己做不好会很不好意思，不知道自己能坚持到哪一步。谢谢老师耐心地带着我成长，不断鼓励我。我一定要把美传播到自己的企业中，带着大家一起美起来。一想到这里，我就有力量去传播这份美，我告诉自己，要坚持下去。"

她回到浙江后，开始向她身边的朋友传播美，告诉她们女人应该活出怎样的状态。在她的影响下，有100多人报名上我的课，我非常震撼，她真的做到了刚柔并济，把一个女人最好的状态活了出来。

我经常和学员说女人的美并不是浓妆艳抹，只知道打扮自己，而是要多注重提升自己的内在美。女人回到家，可以是温柔似水的贤妻良母，家不是讲理的地方，家是相互体谅、相互忍让、相互包容的地方；女人出了家门，可以是金戈铁马的铿锵玫瑰，现代社会女性的工作涉及各个领域，女性能顶半边天，但是不要把工作中那种强硬的态度拿回家里。

女人有两种角色，在外，也许你是一个企业的老板，商业市场风云变幻莫测，需要有快速反应能力和高效的执行力；在家，你是女儿，是妈妈，是妻子，也请你记得这些角色承担的责任，这样我们的家庭才会和谐，社会才会安稳，国家才能兴旺发达。

虽然我们也许做不了惊天动地的事，但是我们可以把各自的家庭经营好，让自己美、家庭美。家庭是社会的一部分，管理好家庭就是对社会的贡献、对国家的贡献，就是对美的传播。

少年强则国强，我还认为女人强则国强，但是这个强不是"强势"的"强"，而是自强。一个好女人可以旺三代。所以当女人真正做到内外兼修的时候，会自然而然地呈现出一种美的状态。

莫言曾说："人生没有太晚的开始，只有太早的放弃。你起步晚，未必没有好发展；你在人后，未必一直不如人。在原地侃侃而谈，未必有成绩；在途中全力以赴，一定有收获。"

无论什么时候开始都不会太晚。葡萄酒的软木塞用的软木是栎树的树皮，这种树要长到25岁才第一次蜕皮，但此时树皮质量达不到做软木塞的标准。而第二次蜕皮要在9—12年之后，树皮质量才足够好，才能做软木塞。树是这样，人也是如此，都需要历练。

每个人都会有自己的时区，我们不必害怕那段黑暗的日子，要内心坚定地持续往前走，勇敢地走下去，你会迎来自己的时区。梅耶·马斯克60岁才到达人生的高峰，你自然也有自己的时间节奏，不要急，要大胆往前走，你会迎来更高版本的自己。

分享一首著名小诗：

纽约时间比加州时间早三个小时，

但加州时间并没有变慢。

有人22岁就毕业了，

但等了五年才找到好的工作！

有人25岁就当上CEO，

却在50岁去世。

也有人迟到50岁才当上CEO，

然后活到90岁。

有人依然单身，

同时也有人已婚。

世上每个人本来就有自己的发展时区。

身边有些人看似走在你前面，

也有人看似走在你后面。

但其实每个人在自己的时区有自己的步程。

不用嫉妒或嘲笑他们。

他们都在自己的时区里，你也是！

生命就是等待正确的行动时机。

所以，放轻松。

你没有落后。

你没有领先。

在命运为你安排的属于自己的时区里，一切都准时。